UP選書

二十世紀の戦争と平和【増補版】

入江　昭

東京大学出版会

War and Peace in the Twentieth Century
(Revised Edition)

Akira IRIYE

University of Tokyo Press, 2000
ISBN978-4-13-002203-3

増補版はしがき

本書の初版が出版されたのは一九八六年のことである。執筆を始めた一九八五年には、ソ連でゴルバチョフ氏が大統領となって、国内改革に着手し始めており、一方米国ではレーガン氏が政権二期目に入ったところだった。国際政治においてはまだ冷戦の枠組が厳存しており、ヨーロッパでは両陣営による中距離核ミサイルの配置をめぐる緊張感があった。それから僅か数年で冷戦が終結し、ソ連そのものも崩壊してしまうだろうなどとは思いもよらなかった。

そのような時に、「二十世紀の戦争と平和」について一冊書いてほしいと東京大学出版会の竹中英俊氏から依頼されたが、手本とすべき書物もなかったので、最初から最後まで模索するようにして書き上げたのが本書である。二十世紀も終わりに近づいていたので、この一世紀間の国際関係における戦争や平和についての色々な見方をまとめて、二十一世紀を迎える上での手引きにでもなれば、という気持ちだった。ただ私としては、当時あまりにも戦争や冷戦を中心とした現代史が一般的だったので、もっと違う歴史もあり得るのだ、国家間の対立や抗争を緩和しようとしてひたむきな努力を重ねてきた人達もいるのだ、ということを指摘したかった。

幸いこの本の初版が出てしばらくして米ソの和解、そして冷戦の解消という画期的な事件が相次いだ。しかし一方では局地的な戦争は跡を絶たず、しかも多くの国においては内戦が止まることを知らない状態が続いてきた。平和な世界はまだまだ現実のものとはなっていない。そのようなこともあって、最近日本や諸外国で出版されている「二十世紀の歴史」の類いの多くも依然として戦争や冷戦を中心テーマとしているようである。

しかし国際関係を戦争か平和かというように二者択一的にとらえるのは単純すぎるのではないか。戦争と平和の両者を合わせ、ある時期の世界にどのような動きや流れがあるのかを調べ、それを通して国と国、あるいは人と人とがどのように繋がり合っているのかを理解するような努力もなされるべきではないのか。それが本書初版の問題意識であったが、今回増補版を刊行するにあたっても私は一層その気持ちを強くしている。

国際関係とは主権国家のみならず、営利企業、宗教、人種、その他数多くの非政府組織、さらには個々の人間がお互いに絡み合いながら作り上げていくものである。究極的にはすべてが人間の営みなのだということになる。したがって「戦争と平和」の歴史をひもとくことは、人間相互の考えや行為を調べることに他ならない。インターナショナル・アフェアーズはヒューマン・アフェアーズなのである。このような観点から、増補にあたっては一九八〇年代以降の動きを私なりにとらえてみた二章（第九章と終章）を追加することにした。

二十一世紀の世界を迎えるにあたっても、国家の安全や利害だけではなく、国を超えたグローバル、トランスナショナルな動きや民間団体、個人などが追求する目標も念頭に入れて、国際社会の安定と福祉とはどのようなものなのかを考えていきたい。平和とは、そのような努力の積み重ねによって築かれるものではなかろうか。

二〇〇〇年三月

入江　昭

初版はしがき

本書は十九世紀末期から今日に至るまでの、戦争と平和の概念を略説したものである。

戦争と平和が現代人類の直面する最大の問題であるにもかかわらず、これを論ずるものの大多数は特定の国からみた戦略論か、機械的な国際政治論あるいは国際経済論の域を出ていない。現在最も必要なのは、戦争とは何なのか、そして平和をどのように定義するのか、等についての真剣な考究ではなかろうか。

私はこのような見地から、十九世紀以来世に問われてきた戦争観、平和観の系譜をたどってみることにした。もとより限られた枚数で取り扱い得る概念や実例は選択的とならざるを得ず、本書の触れる諸現象の大部分がヨーロッパや米国、そして日本に関するものであることを、あらかじめ断っておきたい。私としては、戦争と平和のテーマはこれからも研究課題の中心としていくつもりでおり、本書はいわばその意図と方向とを示唆するための試みでもある。

十九世紀末期から今日に至るまでの数々の戦争観や平和論を追ってみたが、一八七〇年代から第一次世界大戦に至るまでの時期は、その後も影響力を持つ概念を数々と生み出したので、比重が大きくなっている。それに比べ最近二、三十年を描いた章は短くせざるを得なかった。時事評論的な記述になることを避け、できるだけ長期的にも意味ある問題に焦点を合わせたいと思ったからである。

本書の執筆と出版にあたり、東京大学出版会の編集部諸氏から多くの助けと励ましをいただいたことを記して感謝したい。またこのような本の執筆が、いかに多くの先学の業績に負うものであるかは言うを待たないであろう。私は特に米国と日本の学界両方から、非常な刺戟を与えられ、恵まれた雰囲気の中で学業に励んでくることができた。いちいち名前は挙げないが、このささやかな書物が、私の感謝の気持を表わすことになれば幸いである。

終りに、過去二十数年にわたって私の研究生活を直接間接に助けてくれた妻光子、心障害を持って生まれたために平和の意味を最もよく知っている長女恵子と、これから学者の卵として大学院生活を始めようとする次女ますみに、本書を捧げたい。

一九八六年六月

東京にて

入江　昭

目次

二十世紀の戦争と平和

第一章　戦争と平和

一　戦争の概念

「個々の戦争（wars）は国家が始めるものだが、戦争そのもの（war）は民衆が作るものである」とは、イギリスの政治学者ウィンザー（Philip Windsor）が最近記した言葉であるが、戦争の持つ多面性を的確に伝えている。

戦争とはもちろん国家同志の争いである。そして戦争を研究するためには、開戦に至るまでの具体的な背景、戦略や作戦の準備、交戦開始後の戦術や用兵、あるいは停戦への経緯等を詳細に調べなければならない。このレベルでの戦争はきわめて具体性を帯びた、特定の現象である。

しかし実際に起った戦争がすべての「戦争」ではない。現実に戦いが行なわれていない時でも、国の指導者や民衆の心の中に「戦争」は存在しているのである。それは予測される戦争への懸念や準備という形をとることもあるし、もっと漠然とした戦争観である場合もある。あるいはさらに抽象的に、人間関係や集団関係において戦争という概念が使われることもある。

具体的事例としての戦争と、抽象概念、普通名詞としての戦争との間の関連は複雑である。前者が時間的空間的に制限されたもの（例えば一八七〇―一八七一年の普仏戦争というように）であるのに対し、後者は無限に拡がり得るものであり、現実の事象を離れても存在し得る。しかしそれが現実の戦争に多大の影響を与え、そして実際の戦争が終った後でも心理的現実としての戦争を残存させることもあるのであり、したがって具体的な戦いより一層重要な現象であるともいえる。

例えば最近刊行されたダワー（John Dower）の『救いなき戦い』（*War without Mercy*）は、太平洋戦争当時の日米両国人の意識を解明した好著であるが、その中で著者はアメリカ人及び日本人が早くから相手に対して抱いていた敵対意識や人種的偏見、あるいは自己の優越感や自己中心的歴史観が、戦時中の相互イメージを形成し、それが戦争を一層苛酷悲惨なものとしたことを説明している。また両国民が抽象概念としての戦争そのものについて持っていた考えが、微妙な形で現実の戦争とつながり、無慈悲なまでの殺戮や破壊を正当化したこと、さらには終戦後もある種の戦争観は消え失せず、例えば日米貿易摩擦などの問題が発生するたびに、しばしば呼びおこされて日米関係を定義するキーワードを提供する役目を果すことが指摘されている。

このように、戦争という概念は、実際の戦争の有無にかかわらず、あるいは別の次元で、極めて重要な意味を持っている。この現象を歴史的にたどり、現代史解明の一助とするのが本書の目標である。十九世紀末から今日に至るまでの各種の戦争観、及びその裏側にある平和のイメージを調べてみたい。

通常の軍事史や戦争史ではなく、戦争の思想史ないし文明史ともいうべき視点を提供して、現代の戦争が具体的事例であると同時に、社会的文化的現象でもあることを理解する手助けとしたい。そのような理解は、現在人類が直面する諸問題を解明する鍵を与えてくれると思われるからである。

フランスの思想家ドブレ（Regis Debray）は近著『政治理性批判』（*Critique de la Raison Politique*）の中で、「ある時代の歴史は発明や発見のみならず、ユートピアを通しても描かれなければならない」とし、さらに「実際に発生した事柄のみが現実のすべてではないのだ」と記している。そのように包括的な、表面現象と副次的現象とを合わせた総合的な描写をするのが、本書の目的である。

ドブレ的な見方をすれば、戦争という現象には、現実の戦いの他に、そこに至るまでの多くの道も隠されている。また反現象としての平和、戦争なる事実に対する虚現象ないしユートピアとしての平和のイメージも存在している。交戦国間で相互の殺戮や破壊が行なわれている時ですら、その意味を問い、平和を考える流れもあるのである。したがって、戦争の概念を綴ることは、平和の意識を呼び起すことでもある。本書においても、戦争のイメージと表裏一体に存在していた平和の概念にも触れていくことにする。

二　国際史と国内史

以上見たように、戦争あるいは平和は、国際関係上の現象であると同時に、国内的なものでもある。

各国内の社会や文化の動き、あるいは一人一人の心理状態などは、戦争や平和への内的条件を作り出す。また一方対外関係は国際社会という世界的環境の中で展開をみるものであるから、戦争や平和は当然のことながら数ヵ国の存在を前提としている。したがって、そのテーマは国内史と国際史と双方の枠組の中でとらえられなければならない。より正確にいえば、国内史と国際史の接点が戦争と平和の歴史なのである。

イギリスの劇作家ショー（George Bernard Shaw）は、第一次世界大戦中に書き終戦直後に上演された戯曲『傷心の家』（*Heartbreak House*）の中で、国内において「文化」（culture）と「権力」（power）とが分裂してしまった状態を描いている。文学や芸術、音楽の生活に明け暮れる人びとの間には、政治や実業にかんする関心も才能も皆無であり、一方政治家や実業家は文化的教養を全く持ち合わせていない。ところがそのように分裂した社会が、一たび戦争が始まるとヒステリックに対応し、表面的に団結はするが、実際には「文化」と「権力」のあいだのギャップは縮められないのである。

これは国際関係と国内社会との結びつきを示唆する好例である。ショーの見方によれば、いずれの国においても文化面を強調する階層はおり、彼等は国境を越えてつながってはいるが、権力や経済についての認識が乏しいため、そのつながりが国際緊張の緩和をもたらさない。一方政治家や実業家は権力や利益の追求に汲々として、それが他国との抗争をもたらし、ひいては文明を破壊してしまうかも知れないことに気がつかない。このような文化と権力の分裂は、戦争の可能性と悲劇性を高めるものである。また一方、戦争が始まると、社会各層は一時的に統合されるが、それは人為的なものであり、狂気じみた雰囲気によってのみ支えられている。そして戦争が終ると、「文化」と「権力」は再び離反し、別個の存在を維持し続けるのである。したがって、また次の戦争をもたらす可能性は、一向に減少しないわけである。

もちろんこれは一つの見方に過ぎない。ショーとは違った角度や立場から、国際関係と国内政治・社会とのつながりを論じた者もすでに当時数多く存在していた。しかもその大多数が、戦争をたんに外的なレベル、つまり国家間の軍事的衝突としてしかとらえることをせず、社会の動きや個人の心理状態とも結びつけて考えていたことは特筆に値する。換言すれば、そのように外的現象と内的条件とのからみ合いを通して、戦争を理解しようとするのは、二十世紀における戦争論や平和観の特徴だともいえるのである。

多くの文学者や思想家、あるいはジャーナリストが、そのように広い視点で戦争及び平和について論じてきたにもかかわらず、彼等の見方を総合的にまとめた著書は少ない。本書の意図するのも、できるだけ多くの例を挙げながら、人類共通の関心である戦争と平和について、どのような見方が可能であるか、掘り下げてみることである。

三　権力と文化

ある意味では、戦争について考えることは権力と文化との関係をたずねることでもある。ショーのいったように、各国において権力にたずさわる者と、文化を追求する階層との並立といった意味で、権力と文化の概念を使うこともできるが、より広く、ある国の内的な営み（政治、社会、思想等を含め）を文化と名づけ、外的な表現（国家主権、軍隊、外交）を権力としてとらえることも可能である。そしてこの両者間のからみ合いを調べることによって、戦争や平和の意味を理解することもできよう。

広い意味での文化とは、ある国民が築いてきた遺産を総合したものであるといえる。アメリカの思想家マンフォード（Lewis Mumford）の言葉を借りれば、文化とは「人間の記憶すべき、そして記憶された経験」である。文化人類学者のミード（Margaret Mead）は、「アメリカ人にとって、過去のみが親近感を与え得るものである」と述べているが、同じことは他の国にもあてはまるであろう。マンフォードやミードの定義による文化、すなわち過去の遺産の蓄積には、政治や経済の制度、組織と同時に、芸術、思想、慣習等も当然含まれている。ショーのいう文化は、主としてこの後者を指しており、前者は権力と定義されているが、両者を合わせ、ある国の内的な営みすべてを文化と称することもできるのである。したがって、この概念を使う場合、広義的なものと狭義的なものとでは違いがあることを銘記しておきたい。

一方広義的な権力とは、一国の対外的な力の総和である。軍事力はその最も明らかな例であるが、これを支える軍需産業、あるいは経済制度全般、さらには労働力や政治機構も当然関係している。ミードも、戦争を遂行するためには、国内すべて、つまり文化の力を結集しなければならない、と述べている。広義の文化は、広義の権力の基盤である。文化と権力は表裏一体の関係を成している。

しかしながら、この関係には多数の可能性が考えられる。例えば一九一二年に、セルビアの一指導者は、「自分達の名誉のため、我々の伝統を守り、文化への義務を果すために、戦争が必要である」と述べているが、文化を守るための武力の行使、という方式を示している。ところがこの同じ指導者は、国の独立が必要とするのは「文化ではなく革命的手段（すなわち武力の行使）である」とも言っている。この場合、広義の文化を守るためには、狭義の文化は犠牲になっても止むを得ない、という考え方がある。文化と戦争との関係は複雑である。

また一方、権力の対外的行使が国内の文化に深刻な影響を与えることは当然としても、その与え方についても、多くの見方が可能である。例えば二十世紀の初頭、アメリカのセオドア・ローズヴェルト大統領（Theodore Roosevelt）は、戦争は「文明のため」に好ましいものであり、国のために戦うという貴重な経験をすることによって、市民は自分達の文化の衰退を防ぐことができるであろう、と主張したが、同じ頃イギリスの政治家グレー（Edward Grey）は、もしもヨーロッパが戦争に突入すれば、それは西洋文明の灯が消えてしまうことを意味する、と警告していた。

さらに、ある国の社会、思想、文化そのものが、好戦的な雰囲気を作り上げることもあろうし、逆に平和的な力をかもし出す場合もある。どのような内的条件の組み合わせが、社会の対外態度を決定するのかは、きわめて興味ある問題であり、過去百年のあいだ、多くの思想家や論客の関心事となってきた。例えばフランスの社会主義者ジョレ（Jean Jaurès）は十九世紀の末、近代社会は「内的な暴力」をはらんでおり、仮りに外的には平和の状態を維持していても、この暴力が対外戦争へとつながる危険は常に存在している、と述べているが、はたしてそのように文化と暴力（戦争）との関係が、すべての国にあてはまるのかどうか、逆に国内的には暴力や無秩序が支配する国でも、対外的にはきわめて穏健で平和的なことがあり得るのではないか。国内の秩序と国際秩序とのあいだには、どのような関係が存在しているのか。

このような諸問題は、現代世界の文化や平和を考える上でも、多くの示唆を与えてくれるであろう。本書では、十九世紀末から今日に至るまで、戦争と平和、国際関係と国内社会、権力と文化のつながりについて、どのような見方が提供されてきたかを調べ、二十世紀の特質に迫るとともに、人類共通の関心事をより深く理解する一助としたい。

核兵器の発達や軍拡競争の中に置かれ、さらに局地的偶発的テロリズムにおびえる人類にとって、戦争は現代を規定する一大事象である。全世界が滅亡の危機に直面している。それだからこそ、なおさら過去の遺産としての戦争論を学ぶことには意味があろう。逆説的にいえば、戦争や戦争論の存在は、人類がまだ死滅してはいないことを物語るからである。

第二章　世界大戦への道

一　ビスマルクの国際秩序

現代外交史家の最高峰に属するケナン（George Kennan）は、『ビスマルク的ヨーロッパ秩序の崩壊』（*The Decline of Bismarck's European Order*）の中で、十九世紀末期のヨーロッパ外交を詳細に解明している。普仏戦争（一八七〇―一八七一）によって西欧の地図が書きかえられ、統一ドイツ帝国が出現してから、一九一四年の欧州大戦まで、ヨーロッパに大きな戦争はなかった。この四十数年間の安定と平和（といっても、もちろん戦争の危機は常に存在していたが）の基礎を固めたのが、ドイツの宰相ビスマルク（Otto von Bismarck）である、とケナンは解説する。ビスマルクのイニシアティヴの下に築かれた国際秩序が、次第に崩れ去っていく過程こそ、大戦への道を示すものであった。

平和とは国際秩序の安定化である、とはビスマルクが常に信じていたことであるが、もとよりこの考え方は彼に始まったものではない。ナポレオン戦争後のウィーン会議で、オーストリアのメッテルニヒ（Prince von Metternich）は、戦後ヨーロッパの安定のために、各国を巻き込んだ同盟体制を作ろうとしたし、十九世紀を通して、何等かの形でヨーロッパ的国際秩序の維持を図ることが、平和への道だとされた。

そのような見方は、平和の組織論的あるいは秩序論的定義だともいえる。平和とは戦争のない状態であり、戦争は国際秩序の崩壊から生ずる。したがって戦争の勃発を阻止するためには、できるだけ安定した国際秩序を築き上げる必要がある、というのである。メッテルニヒの作り上げた「ウィーン体制」はその好例である。そしてこの体制が一八四八年前後、各国内の革命や政変の影響で崩れ始め、次の二十数年間、ヨーロッパ諸国の間に戦争や内戦が続くのであるが、この混沌とした時代は、一八七〇年代に入って一応終末を告げる。そして新たな国際秩序の樹立に苦心するのが、ビスマルク及び各国の指導者であった。

ただナポレオン戦争直後と違って、普仏戦争後のヨーロッパでは、五つの近代的大国が中心として君臨するようになっており、したがって国際秩序も、この五大国の動向にかかわっていた。五大国とは、イギリス、フランス、ドイツ、オーストリア・ハンガリー、ロシアを指す。もちろんこの五カ国の政治制度や経済状態などには、多くの相違があったが、少なくとも一八七〇年の時点では、いずれも統一した国家の体を持ち、中央政府・官僚・軍隊の制度を備え、産業化を促進し、さらに大国（パワー）としての自負心（イメージ）を持っていた点で共通していた。

したがって、当時の政治家や論客が戦争や平和について語る場合、この五大国間の関係を意識することが多かった。そして彼等の間には常に緊張状態が存在している、というのがヨーロッパ外交の出発点であった。国と国との間には、戦争の可能性が常に存在しており、これに備えることは為政者の任務である。戦争とは外交の延長に過ぎない、というクラウゼヴィッツ（Karl von Clausewitz）の有名な言葉は、戦争と平和とを相対化していた当時の見方をよく表わしている。つまり戦争は、複数国家の存在している限り常に可能性があり、平和といっても、一時的に戦争のない状態に過ぎない。外交の目的も、戦争あるいは平和を手段として、国益や国力を発展することにある、とされるのである。

ビスマルクももとより同じ考え方であった。しかし彼は、普仏戦争後に出現したヨーロッパは、ドイツにとって大体において望ましいものであり、これ以上戦争を繰り返すよりは、平和の状態の続いた方が好ましいと判断した。そして普仏戦争で敗戦国となり、領土を奪われたフランスに対しても、報復の戦争をするかわりに、新しいヨーロッパの現状を受け入れ、平和の関係を維持した方が有利であることを認めさせようとする。そして他の三国に向っても、一八七一年の和平を前提とした、ヨーロッパの安定を強化するよう、協力を呼びかけるのである。

具体的には、オーストリア・ハンガリー帝国と同盟を結ぶと同時に、ロシアとも協調し、またイギリスとも不即不離の関係を保つことによって、フランスが他の一、二国と組んで現状の打破を試みることを防ぐ、というものであった。つまり五大国のうちドイツを含んだ少なくとも三国間に密接なつながり、すなわち現状志向型の体制を作り上げることによって、平和を維持する、というわけである。もちろん各自が国益を追求し、あるいは世論の流れに押されて好戦的、現状否定的になる可能性は常に存在していたが、できるだけそのような動きを牽制し、ヨーロッパ国際政治に急激な変化が起らないようにしよう、という外交理念がその根底にあった。平和の国際秩序的、あるいはシステム的(systemic)な定義だったといえる。

システムとしての平和という枠組でいえば、当時のヨーロッパの国際政治は比較的成功した例であるといえる。少なくとも一九一四年に至るまでの四十数年間、五大国間の戦争はなかったからである。しかしビスマルク的構想が続くのは一八八九年頃までで、それ以降は、ヨーロッパの国際秩序を支える五大国間の関係に、大きな変化が見られるようになる。

最も根本的には、ドイツとオーストリア・ハンガリーの二国に対し、露仏英三国の協商関係が成立する。これはビスマルクが最も危険であるとして、この三国のうち少なくとも一国は独墺側に引き止めておこうとした構図の破綻を示すものであり、それまで比較的柔軟性のあったヨーロッパの国際関係が硬直化していくことを物語っていた。

露仏英協商の成立に至る過程を詳細に記すことは本書の目的ではないが、一八九四年の露仏同盟、一九〇四年の英仏協商、一九〇七年の英露協商等の締結が、この三国を密接に結びつける作用をしたこと、そしてその結果ドイツとオーストリア・ハンガリーの二国は孤立感を味わうようになったこと、等が究極的には世界大戦の勃発へとつながっていく一大要素であったのはよく知られている。

しかしながら、五大国が二つの陣営にかなり硬直化した形で分れたことが、そのまま戦争の可能性を高めるようになったのだとはいい切れない。両陣営の間に力の均衡が保たれ、その結果平和の状態が維持される場合もあり得るからである。事実、そのような均衡、すなわちバランス・オヴ・パワーこそ、平和の根底を成すものだ、というのがビスマルク的な考え方であった。

この考え方は、古典的な権力政治（power politics）の思考といわれる。ビスマルクより遥かに前から、力のバランスが国際政治の安定をもたらすものだ、という見方はヨーロッパに定着していた。ビスマルクの国際秩序論も、根本的には力の観念に由来しており、現実ないし潜在的な軍事力の均衡状態を前提としていた。したがって、ヨーロッパ諸国が二つのブロックに分れたとしても、両者の間にバランスがとれている限り、戦争を避けることができるとも想像され得たのである。ビスマルクの体制が次第に硬直化していったとはいえ、ヨーロッパの主要国家間に、四十数年もの間戦争が発生しなかったことは、当時の国際秩序が構造的に比較的安定していたことを物語っている。

二　軍拡と戦争準備

ところが実際には、二分化したヨーロッパの両陣営では、たんに同盟や協商関係に入るのみならず、積極的に軍備の拡張を図り、仮想敵国に対する戦争準備をしていたため、結果的には戦争の可能性を高めてしまう。

戦争は複数の国家の存在する限り常に存在するものだ、という基本概念、いわばクラウゼヴィッツ的思考法からすれば、軍備の充実や戦争計画の立案は、すべての主権国家にとって不可欠である。十九世紀のヨーロッパとても例外ではない。ただビスマルク的な見方に立てば、戦争準備も根本的には外交の手段として正当化されるのであり、国家が定義した対外政策、ひいては国際秩序の維持のためにこそ意味があるのであるが、それが時として軍備のための軍備となると、戦争計画が国策から離れて一人歩きしてしまう危険がある。

当時のヨーロッパにはその危険が顕著であった。ビスマルク的戦争概念ではなく、軍部や作戦立案者の見た戦争観があり、それが次第に決定的な意味を持つようになるのである。

いずれの時代にも戦略準備や作戦計画はあるものだが、十九世紀末期には二、三の特徴が見られた。第一は科学技術の発達を反映した、いわば近代戦が想定されたこと。それまでの、仮りに古典的戦争と呼ぶべきものがあるとすれば、それは陸では歩兵及び騎兵の正面衝突、海では帆船から成る艦隊同志の対決を中心としたものであった。ところが鉄工業の発達、通信交通技術の進歩、ひいてはコンピューターの発明等は、戦争を機械化していく。その最も明らかな例が鉄道の利用であろう。輸送車の使用によって、歩兵も武器もかつてない程のスピードで前線に送ることができる。ドイツの参謀総長シュリーフェン(Count von Schlieffen)が立案した対仏戦略——ベルギーとオランダの側から電撃的にフランスに侵入するというもの——も、鉄道の建設なしには考えられぬものであった。

同じことは海戦についてもいえる。すでに各国の海軍において、かつての帆船に代って石炭を燃料とした蒸気船が一般化していたが、さらにより大きく、より速く、より破壊力のある戦艦の建造が目指される。この時代では、一九〇六年以降英海軍が保有するようになったドレッドノート型の戦艦がその好例である。また同時に、駆逐艦や潜水艦のような、新しいタイプの船も建造され、海戦戦略を複雑化していく。

第二に、戦争の機械化とは裏腹に、軍隊の大衆化、すなわち近代国家の人的資源を徹底的に活用した戦争が想定される。職業軍人や特権階級による軍部の支配は依然として存在していたが、志願兵制度あるいは兵役義務を通して、男性の人口の大半が兵士として戦争に参加することが、戦争計画の前提とされた。平時ですら、毎年ドイツでは二八万人、フランスでは二五万人の男子が召集を受け、数カ年の兵役に服していた。近代戦争は、高度に発達した技術と、一般大衆とが結合して戦うことになる。

第三に、この点に関連して当時の軍拡競争に触れなければならない。もとより産業技術や国民皆兵制度そのものが、軍備拡張に自動的につながるわけではないが、上述したバランス・オヴ・パワーの概念、特に国際秩序は力の均衡によって維持されるものだという見方が、軍事力の重視となり、他国の軍備拡張と歩調を合わせて、自らも軍備の充実を図るべきだとする考えが一般化したことは否定できない。そしてその結果、軍拡の必然的な帰着点としての戦争、すなわち軍拡競争は戦争の可能性を高めるものだ、という考えも次第に強くなっていくのである。

これは軍拡を推進するすべての者が抱く見方だとは限らなかった。事実、イギリスの海軍当局などは、英海軍による絶対的優位の維持こそ、戦争を防ぐ有効な手段だと信じていたし、一方ドイツでは、独海軍のすみやかな建艦こそ、イギリスによる予防戦争の危険を少なくするものだとする意見が通用していた。しかし一九一〇年頃になると、この両国政府の間には、建艦競争についての深刻な危惧感が高まって、軍拡を制限するよう交渉が始められるのである。実際には何等の成果もあがらぬうちに、両国は戦争に突入するのであるが、軍拡と戦争とを結びつける見方が、一部にせよ現われていたことは、戦後の軍縮論への伏線を示すものであった。

戦略・軍拡・戦争の間の関係を示す第四の特徴は、この時代に軍事関係のコストが飛躍的に増大したことである。軍備の機械化にせよ、徴兵制度にせよ、莫大な予算を必要とする。近代国家の財源は、根本的には国内の税金か、国外の搾取（戦利品、賠償金、植民地からの送金等）しかないから、いずれも限りがある。一八七〇年から一九一四年までの間に、戦争によって直接の利益を受けた国は、日清戦争後巨額の賠償金を得た日本だけだったかも知れない。少なくともヨーロッパにおいては戦争はなかったし、植民地経営もコストの割には純益は限られていた。それにもかかわらず軍備を増強しようとすれば、当然税収入を増やさなければならない。そしてそのためには、一般市民（といっても税金を支払うだけの所得や資産のある階級であるが）の支持をとりつける必要があり、軍備の拡張や戦争の準備を美化し、あるいは愛国的な義務として彼等に認識させることが重要である。戦争についての美化したイメージ、ナショナリズムや英雄論的な感情に訴えた戦争のイメージが普及したのも偶然ではない。

感情的シンボルとしての戦争については、項を分けて述べることにするが、コストに関連して極めて重要なのは、自力だけではまかないきれない軍備を、他国と協約して行なう、つまり軍事同盟を結ぶことによって戦争に備えるという傾向が顕著になっていくことである。すでに一九〇二年、イギリスは日本と同盟を結ぶことによって、アジアにおける軍備を日本と事実上分担することに決めたが、同じような協定はフランスとも結ばれる。特に一九一〇年頃から、ヨーロッパの作戦をねるにあたって、英仏軍事当局は密接な交渉を続けるのである。一方露仏両国はすでに一八九〇年代から、ドイツを仮想敵国とした戦争計画にかんする情報を交換しており、ドイツはオーストリア・ハンガリーとの同盟の下に、対露戦及び対仏戦における両国陸軍の協力を想定していた。

つまり当時の軍備拡張や戦争計画は、一国のみのものではなく、複数の国の軍事力を総合するようになっていた。その根本的な背景に、財源難があったのは明らかである。

またその分だけ、戦争計画も遠大なもの、より複雑なものになりやすい。二国間の戦いではなく、数カ国から成る国家群同志の戦争となると、綿密な計画も必要になるが、同時に多くの不可視的、不確定的要素の入り込む可能性も考慮しなければならない。そのためもあって、実に多くの戦争計画(フランスが実際に採択したのは第一七プランと呼ばれた)が作り出されなければならなかった。そしてひとたび戦争開始の可能性が近づくと、情勢が変わらぬうちに、特定の戦争計画を実行に移す必要がある。一九一四年の夏、各国における軍の動員令が、そのまま戦闘開始を意味したのもこのためである。

いずれにせよ、ヨーロッパ大国における戦争計画に想定された将来の戦争が、多数の国を巻き込んだものになる、とされていたのが、当時の戦争観の五つ目の特徴である。すでに一八九〇年、ドイツの参謀長モルトケ（Field Marshal von Moltke）は、ヨーロッパにおける次の戦争はすべての強国の参加する、「第二の七年戦争」になるであろうと予言した。はたしてそれ程長びいたものとなるかどうかについては異論もあり、モルトケの後任のシュリーフェンは、オランダやベルギーを通過してフランスを攻撃する電撃戦を敢行すれば、比較的早く戦争は終結するであろうと楽観していた。

次の戦争がどの位長びくのかどうか、一致した見方があるわけではなかった。一九一四年以前数十年の間に発生した戦争（普仏・日清・露土・日露各戦争、ないしはいくつかのバルカン戦争）はすべて短期間のものであったから、次の戦いも比較的早く片づくのではないか、という期待は各国で抱かれていたようである。しかしイギリスの歴史家ジョル（James Joll）も近著『第一次大戦原因論』（*The Origins of the First World War*）で述べているように、戦前に想定されていた「戦争」と、実際の大戦とは全く別個のものだったのである。

しかもそれにもかかわらず、十九世紀末から二十世紀初めにかけて、ヨーロッパの大国が戦争を前提とした軍備を充実させ、軍事同盟を結び、各種の作戦計画を立案していたことは、現実に戦争の可能性を高めるものだったといわなければならない。ここに見られるのは、ビスマルク的秩序が崩れ去った際に起るであろう戦争に備えるためのものと、同時に国際秩序の均衡そのものを破るような作用を持ったものと、両方である。そして各国における軍事予算が増大し、外交政策上軍事の占める割合も大きくなるにつれ、ヨーロッパはいつのまにか平和というよりは臨戦体制によって特徴づけられていくのである。

三　国内政治・社会の構造

どうしてそのようなことになったのか。何故戦争計画や軍備拡張が一人歩きするようになってしまったのか、を知る上でも、当時の戦争観は重要な鍵を与えてくれる。そしてたんに軍当局のみならず、政府、政党や一般大衆までも、戦争を肯定あるいは必要悪として黙認する風潮にあったことは注目すべきである。

軍事予算の支出を承認し、あるいは軍部による権限の増大を許すためには、それだけの政治的社会的土壌ができ上っていなければならない。ある土壌は、平和と戦争のどちらを育て、あるいはこれと密接な関係を持っていたのか、そして戦争を肯定するような雰囲気が出き上っていたとしたら、その場合の戦争はどう理解されていたのか、等々は興味ある問題である。

当時ヨーロッパのどの国をとっても、軍部の独裁政権というものはなかった。文官優位（シヴィリアン・コントロール）の原則の確立されていた英仏はもとより、強力な君主制度下の独露墺でも、軍部が全く自己の意のままに軍備をしたり対外政策を決定したりはできなかった。したがって、軍部以外、究極的には政治機構や社会構造の全体が、直接間接軍備や戦争計画を支えていた、少なくともこれに対し経済的思想的支持を与えていた、といわなければならないのである。

それはどうしてか。各国の内政や社会の動向を綴るのは本書の目的ではないが、戦争や平和の概念を調べることによって、その一端はうかがい知ることができよう。まず第一に、近代国家におけるナショナリズムに触れなければならない。ナショナリズムそのものは、必ずしも戦争の肯定へとつながるわけではない。自分達の国の歴史や文化を誇りに思い、例えばフランス人であることに特殊の気持を抱くことは、他国に対し好戦的な態度を示すこととは別の次元の現象である。

しかしながら、十九世紀末期に出現した、あるいは出現しようとして生まれ出ずる苦しみの中にあった国家——いわゆる近代国家（modern states）においては、ナショナリズムは国の統一の根本原則であったから、歴史や文化と同時に、あるいはそれ以上に、力とか威信とかいった要素が重要となるのである。イギリスの思想家アクトン（Lord Acton）がすでに一八六〇年代に記していたように、近代のナショナリズムは「歴史に影響されず、過去によってコントロールされることもない」新しい力、すなわち「自然」（物理的集団）として一つの中央権力の下に結集した民衆を統一する原則に他ならなかった。この原則に反するすべての特権とか自由とかは抑圧される。したがってナショナリズムと自由（あるいは文明）とは根本的に相容れないものだ、とアクトンは述べていた。保守主義者による極端な議論ではあるが、十九世紀後半から二十世紀にかけての一つの大きな流れを的確にとらえていたのも事実である。

根本的には、近代国家においてはナショナリズムが高揚され、国の独立、名誉、威信等が非常に重要なものとされる。したがって、複数の近代国家が存在している限り、ナショナリズムは対外的には排他的となり、対内的には国家権力の増大を意味する。いずれの場合も力、具体的には軍備力の重要性が認識されるわけである。そしてそれは当然のことながら、軍事力の増強や軍部による発言力の増大を肯定し、対外硬的態度を育み、他国との戦争の可能性を常に想定するような風潮を作り上げる。その意味では、近代国家の存在そのものが、戦争状態の存在を前提としていたのだともいえる。力の原則は両者に共通していたからである。したがって、十九世紀末から二十世紀初頭にかけて、戦争の危機が増大したのはむしろ当然であり、また各国において軍部の影響力が高まり、彼等による戦争計画が大戦の勃発へとつながっていったのも、不思議ではなかった。

近代国家の中に組み入れられた民衆――アクトンの言葉でいえば、歴史から孤立し、自然の状態に戻った上で人為的に集合された集団――も、当然のことながらナショナリズムに影響され、力の推進者となる。彼等大衆にとって、それ以外に国と自分達を関連づけるものはなかったからである。換言すれば、大衆が、自分達の属する国家を意識するのは、とりも直さず対内及び対外的な力を通してのものであり、国家意識、すなわちナショナリズムは、力の介在なしにはあり得なかった。当時の世論が対外問題でしばしば熱狂的となり、狂信的排他的な動きを見せたことはよく知られているが、そのような愛国主義は国家統一の不可避的要素だったともいえる。

愛国主義は好戦論へと発展しやすい。当時のヨーロッパのように、新興国家や、新たに独立せんとする国が複雑に入り乱れている地域においては、大小のいざこざが絶えず、各国の世論は好戦的な動きに左右されることが多かった。これは一つには、民衆の大部分は経済的にも貧しく、したがって多額の税金を納めるほどの身分ではなかったから、軍事費の増大に直接影響されることがなかったからであろう。歴史家のマクニール（William McNeill）が『権力の追求』（*The Pursuit of Power*）で指摘しているように、民衆は経済的犠牲を払わずして、対外硬的な言辞を弄し、愛国主義的な風潮に身を委ねることができたわけである。

しかし戦争になれば市民も兵士となって戦わなければならない。戦死や戦傷の可能性は当然考えられるし、残された家族の犠牲もはかり知れないであろう。それにもかかわらず、好戦的な世論が各国で顕著だったのは何故か？　もちろん民衆の中には平和主義的風潮も存在しており、すべてが戦争讃美者だったわけではないのは、後述する通りである。しかしながら、軍事力や対外戦争を前提としたナショナリズムが、当時諸国の世論を支配していたのも事実である。

この現象を解く一つの鍵は、近代国家における戦争のイメージである。すでに指摘したように、近代国家にとってナショナリズムは不可欠であり、ナショナリズムは狂信的愛国主義（ショーヴィニズム）へと導きやすい。その結果、対外戦争になることは当然考えられるのであるが、はたしてどのような戦争が想定されていたのであろうか？

ここで興味深いのは、一般に抱かれた戦争のイメージはかなり抽象的で、多くの場合きわめて非合理的ですらあったということである。軍当局や政府最高指導者が考えていた戦争計画とは異なり、好戦論者や愛国主義者の抱いていた戦争観は、ナショナリズムの発揚としての、すなわち国のための戦いであり、具体的な作戦や戦利品よりは、国のために死ぬことそのものの方が大事だとされた。もとより国が外敵に侵略されたり、あるいは新しい独立国家を作ろうとする場合は、国のための戦さという概念は具体性を帯びてくるが、それ以外の場合にも、国家のための死という命題が強調されることが多かった。

一つには、戦いこそ社会の活力を増強させ、市民間の連帯意識を高め、よりたくましい、より秀れた国を作ることになるのだ、という考えがある。近代文明はえてして物質的で、近代国家の市民も物質文化の享楽におぼれやすい。したがって、時々対外戦争を行なって彼等の愛国心をよび起し、社会に活力を復活させる必要がある。そのような戦争効用論は、イギリスの生物学者ピアソン（Karl Pearson）や、アメリカの評論家アダムス（Brooks Adams）が盛んに主張していたが、究極的には文明社会の暴力を肯定するニーチェ（Friedrich Nietzsche）までさかのぼる。

ここに見られるのは、近代文明は戦争を必要とする、換言すれば文明の進歩は暴力の行使に依存する、というパラドックスである。当時の一般的な文明論はむしろ逆で、近代文明は平和をもたらし、また平和によって支えられるものだ、というのが通説になっていたことは後述する通りであるが、しかし実際に各国で軍備の増強が図られ、愛国主義的な風潮が高まるのを見て、これに理論的正当性を与えようとする動きもあったわけである。いずれにせよ、近代国家は時として戦争、いわば非文明的な手段によって、その活性を保持し充足していかなければならない、という見方が一部で影響力を持ったことは興味深い。ここに見られるのは近代文明ないし近代国家保存の必須条件としての戦争、という概念である。

これはロマンティックな戦争観と呼び得るかも知れない。このレベルにおいては、近代兵器や戦艦を用いて争う激戦、あるいは具体的な目標（領土、賠償金等）を得る手段としての戦争というイメージよりは、戦争のための戦争、破壊そのものの中に価値を見出すような経験の讃美である。特に近代社会の市民にとっては、国のために血を流すことが最も美しいことだとされ、死によって魂の救済を得るのだとする英雄論的戦争観がある。

そのような戦争観が、当時のヨーロッパにおいてどれ程支配的だったかは一概にはいえない。しかし少なくとも一部のインテリ層、特に一八八〇年代に生まれた若い世代の学生や知識人の間に、この意味での戦争讃美論が高まっていたことは、ウォール（Robert Wohl）の力作『一九一四年の世代』（*The Generation of 1914*）がよく示している。当時の精神的風土を知る上でも、この世代の戦争観は非常に重要である。

もちろんそのような風土があったからといって、それがそのまま戦争につながっていったわけではない。上述したように、このレベルでの戦争観はきわめて抽象的なものであった。しかしそれだけに、軍部の発言力の増大や、軍拡競争に対して寛容的だったともいえるのではないか。抽象的であるにせよ、力の価値を絶対視し、国家のために身を犠牲にすることの美を説き、ナショナリズムの高揚を個人の存在目的とするような見方は、当然のことながら好戦的排他的な世論のブレーキとはなり得なかったからである。

この節でとり上げたのは、ヨーロッパ諸国の内的な要因にもとづく戦争論であった。国際秩序やバランス・オヴ・パワーとは別の次元で、各国の政治や社会、具体的には近代統一国家形成の過程で、ナショナリズムの外的表現としての軍事力、あるいは国家の絶対的存在を再確認する手段としての戦争を肯定する考え方が顕著となる。そしてこのような内的な動きが国際秩序の安定性をおびやかし、国際政局の不安定化が国内の好戦論を一層刺戟する、というように相互がからみ合って、戦争の可能性を一層大きくしていくのである。

四　局地戦争の可能性

しかし当時の戦争観のすべてが、ロマンティックなもの、ないしは抽象的なナショナリズム讃美だったわけではなかった。もっと具体的な戦争の可能性を予言する者もおり、事実、一九一四年以前に、ヨーロッパにおいてはいくつかの小規模な戦争が発生しているのである。一八七七―一八七八年の露土戦争、一九一二年と一九一三年のバルカン戦争等である。

トルコ帝国やオーストリア・ハンガリー帝国は多民族を支配していたから、いつかは内部分裂を起し、第三国の干渉を招く結果、ヨーロッパ諸大国間の戦争へと導きかねない、という考えはすでに十九世紀末に常識化していた。この場合想定されたのは、局地戦争がより大きな戦争の導因になる、というケースである。もちろん一八七〇年代の普仏戦争も局地戦争だったといえぬこともない。しかし当時特に可能性が大きいと考えられていたのは、トルコ（オスマン）帝国及びオーストリア・ハンガリー（ハプスブルグ）帝国の内紛に関するものであった。両者ともいわゆる近代国家の形式（中央政府、官僚機構、軍隊等）を備えてはいたが、多くの少数民族を支配下に置いていたために、国としてのナショナリズムが育ちにくかった。前述したアクトン的な見方でいえば、この両帝国は歴史によって形成された存在であり、多数の民族や人種の結合であったから、人為的なナショナリズムは発達しにくかったのである。

ところが帝国領域内の諸民族は、ナショナリズムの風潮に刺戟されて、自らの独立を求めるようになる。少なくとも帝国という政治組織から離れ、ナショナリズムの原則を標榜しようとする。その結果帝国の中央政府に対して反乱を試みるのみならず、帝国内の他民族に対しても敵意を抱くようになる。

東南ヨーロッパ、いわゆるバルカン半島でいくつかの局地戦争が勃発したのもそのためである。この地にはオーストリア・ハンガリー支配下のセルビア人、クロアチア人等、さらに名目上は独立だが隣接大国の影響下にあったセルビア、ブルガリア、ルーマニア等の小国が並存していた。一方トルコ帝国もこの地域の一部を支配しており、ボスニア、モンテネグロ、アルバニア等、かつては帝国の領土で、次第に半独立化した地方や、ギリシアのように、次第にトルコから離れて独立形体を整えた国が存在していた。

そのような状態にあって、常に戦争の危険があったのは想像に難くない。ただこの場合の戦争は、帝国からの離脱・独立を求めるものであったこと、そして同時に、独立あるいは半独立の成果を得たのちも、隣接諸国や諸民族との緊張状態は間断なく続いていたこと、も指摘されなければならない。

すなわち、旧来の帝国という政治体制が解体する過程において、戦争の可能性が増大するということになる。根本的にはナショナリズムによって生ずる現象であるが、少数民族や弱小国家のナショナリズムの外的表現としての戦争は、大国間のナショナリズムの対決によって生ずる戦争よりは、頻繁に発生しやすい。局地戦争は数多く行なわれたが、大国間の戦争は一九一四年まで避けられたのである。

それはどうしてか。同じナショナリズムでも、大国間の関係は国際秩序、換言すればバランス・オヴ・パワーの枠組の中で展開されるのに対し、小国間の対立にはそのような位置づけができなかった、ということであろう。バルカン地域は、ビスマルク的秩序の中でも副次的な意味しか与えられていなかった。根本的には、この地方で多少のいざこざがあっても、五大国間の均衡やヨーロッパの安定をおびやかすには至るまい、という意識があった。逆にいえば、バルカン諸国は当時のヨーロッパ国際秩序に十分に組み入れられておらず、局地戦争の可能性は常に存在していた、ということになる。小さな国や民族間の、きわめて限られた争い、あるいは帝国の中央政権に対する限られた抵抗に止まるものという想定があった。

ところが実際には、バルカン地域における紛争が大国をも巻き込み、一九一四年大戦勃発の直接のきっかけとなる。これはとりもなおさず五大国間の秩序が、辺境（periphery）の不安定性を究極的には限定できなかったことを示している。バルカン問題は毎年のように紛争を巻き起していたのにもかかわらず、一九一四年まではそれが大国間の戦争へと導くことはなかった。そして一九一四年の六月末、ボスニア（一九〇八年にオーストリア・ハンガリーに併合）の首都サラエヴォでハプスブルグ王朝の皇太子が、セルビア人によって暗殺された時も、初めのうちは従来のバルカン紛争と同じようなものだと見なされていた。そしてこの場合、大国としてのオーストリア・ハンガリーがセルビア懲罰のために軍事行動に出ても、それは局地戦争の域を越えないだろうと予想されたのである。それまでのバルカン戦争のように、数週間か長くても数ヵ月で終るものと見られていた。

それが長期的なものとなるにつれ、戦争に対するイメージも変わっていくのは次章に見る通りであるが、ここでは局地戦争が当時ヨーロッパでは一般に受け入れられていたことを強調するに止めておく。すなわち、大国間の激突は不幸なことで、できるだけ避けるべきだとする人びとの間でも、特にバルカン地方の紛争については悲観的な者が多かった。それはナショナリズムにもとづいた新興国家間の対立は不可避だと見ていたからである。その根底には民族意識、種族的国民性（ethno-nationality）とも呼び得る感情が存在していた。ある民族は自分達の国家を作るべきだという概念で、これは当然のことながら多民族支配を続ける帝国国家の原則に相反する。

セルビアによって象徴される汎スラヴィズム、すなわちスラヴ人は団結して自分達の国を作り上げ、同じスラヴ人同志の国（ロシア、ブルガリア、セルビア等）は協力して他民族の圧迫に抵抗すべきだ、という考えは、特にバルカン問題と密接に関連していた。スラヴ民族主義はオーストリア・ハンガリー帝国と根本的に相反するのみならず、一大スラヴ国家としてのロシアの介入も想定していたからである。それにもかかわらず、オーストリア・ハンガリーとロシアは一九一四年までは直接の戦争に至らなかったのであるが、このように民族意識の高揚されたことが、局地戦争の可能性を一層高める作用をしたことは否定できない。しかも、その背後にロシアが控えているから、いざとなればロシアの力を借りることができるであろうという期待感が、セルビア等小国を過激な行動に追いやることになる。そしてロシアにとっては、局地戦争が大戦争へと発展せぬためにも、バルカン地方にある程度影響力を伸ばす必要がある。ところがこれが他国、特にオーストリア・ハンガリーを刺戟して対抗手段をとらせることにもなる。このようにして、弱小民族や小国のナショナリズムが、国際政治を次第に複雑化していくのが、この時代の一特徴であった。

局地戦争のイメージ、そして局地戦争の集積ないし帰結としての大戦争というイメージは、二十世紀初頭すでに一般化していた。つまり大国間の軍拡や対立によってではなく、小国同志の紛争や、小民族の好戦的行為が、ヨーロッパの戦争につながるという見方である。この可能性に対し、何等効果的な政策を持たなかったのは、ヨーロッパの諸大国の致命的な欠陥であったといえる。

五　帝国主義的戦争

局地紛争はバルカン地方で発生しただけではなかった。アフリカ、中近東、アジア等の諸地域においても、十九世紀末から二十世紀初めにかけて、いざこざが絶えなかった。そしてその多くは、大国とその植民ないし原住民との間、あるいは大国間の争いであった。いわゆる帝国主義の戦争である。ヨーロッパ諸国が非西洋の各地へ進出する過程で、あるいはその結果として、戦争の可能性が必然的に増大するであろうという見方は、一部の論客の間では常識となっていた。これには肯定的な見方と、それに相反するものとがあったが、前者に従えば、文明国（すなわち軍事強国）が野蛮ないし未開国や民族を相手に戦い、後者をその支配下に治めることは、歴史の必然の流れであるのみならず、文明の活性化のためにも必要だとされる。上述したピアソンはそのような戦争論の持ち主の中でも特に有名であるが、彼に限らず、帝国主義肯定論者の多くは、非文明地域における戦争の理論づけを試みていた。最も単純化された形では、キップリング（Rudyard Kipling）の「白人の責務」（the white man's burden）、つまり西欧諸国は文明の低い他の民族のために、あえて武力を行使し、秩序ある社会を作る責任を有するという考えに集約された概念があった。未開の種族や文明度の低い有色国家は、自らの力では進歩を遂げ得ず、反対に野蛮な行為に終始する結果、世界各地に不安定な状態をかもしかねない。したがって外の力を借りて、秩序を築き上げなければならないわけである。その過程で、先進国の力と原住民の力とが衝突し、植民地戦争へと発展するのは自然の成りゆきである、とされる。

ここにもまた、ある種の戦争観が見られるのは明らかである。この場合大国間の戦争、あるいはヨーロッパの中小国家間のいさかいではなく、ヨーロッパの文明大国と非西洋の低文明人との衝突が問題にされる。そして後者が野蛮な方法や伝統的な意識で戦おうとするのに対し、前者は近代文明のあらゆる産物（武器、運搬手段、新聞、産業、教育機関）を使って、自らの力を植えつけていく。その結果、当然のことながら文明国の勝利に終るであろうが、戦勝後も現地に止まって、未開地域に「文明」（学校、病院、道路）をもたらさなければならない。そしてこの「文明化」に抵抗する勢力に対しては、軍隊を動員して制圧する必要がある。すべて「白人の責務」の一端である。

キップリング等によって、植民地戦争はきわめてロマンティックなイメージを与えられた。実際には決してなま易しいものではなく、植民地戦争が長引くにつれ、ヨーロッパ本国においても懐疑論や反対論が強くなり得ることは、例えばフランスによるアルジェリア戦争が示した通りである。しかしいずれにせよ、一八七〇年から一九一四年までの間に、地球の至るところで先進諸国と未開発・低開発民族との間で戦いが行なわれ、アジア、アフリカ、中近東の大部分が西欧諸国の支配下に入ったことも事実である。すなわち、当時戦争といえば、植民地戦争を意味する場合が多かったことを想起しなければならない。

またそれが故に、反帝国主義の運動も盛り上っていったのである。帝国主義に反対する思想には、後述するように社会主義の流れを汲むものが特に重要であったが、同時に平和主義、人道主義、理想主義等の立場から植民地戦争に反対する識者も少なくなかった。彼等にとって、ヨーロッパの強国が文明の名の下に未開・弱小民族を殺戮し、圧迫することは野蛮行為以外の何物でもなかった。この段階での反帝国主義思想は、非戦論にもとづくものであったが、特に「文明国」同志の戦いではなく、強者と弱者が、後者の土地（すなわち未開地）において相まみえる戦いは、戦争そのものをきわめて野蛮な行為にしてしまう、というイメージが存在していた。ヨーロッパと違って文明の中心地としての都市や工場をめぐる攻防ではなく、アフリカやアジアの原住民との戦いにおいては、田畑を破壊し、穀物を焼き、家畜を殺すのが主な戦略であったから、そのような行為に終始するヨーロッパの兵隊は、いつのまにか野蛮化してしまうであろう、という懸念が強くなるのである。植民地戦争における「蛮行」への批判が、フランスやイギリスにおいて帝国主義への批判ともなっていく。文明人が野蛮化してしまう、というわけである。

十九世紀末期においては、世界各地の植民地において、植民地軍隊に原住民が徴用されることも頻繁になった。その結果ヨーロッパから送られてきた兵士が一層野蛮化するのではないか、という懸念がつのる。例えば一九〇〇年当時、フランス陸軍の兵隊の十分の一はアフリカやヴェトナムの原住民であった。この傾向が強まるにつれ、フランス本国と外地における軍隊の性格に違いが生じ、後者は一種独特の、半文明、半未開的な存在として、自らの特殊性を誇示するようになる。その結果植民地の軍隊による独断専行の弊害も生ずる。本国の方針とは関係なく、植民地軍の判断で軍事行動をとることが、特にアフリカにおいて一般化していく。そのような傾向が、特にフランス国内において反軍思想を強めることとなり、さらに反帝国主義運動ともつながっていくのであるが、同じような流れは多かれ少なかれイギリスその他の国にも見られる現象であった。

このレベルでの反植民地戦争思想を一層普遍化したのが、一部の社会主義者による反帝国主義理論である。マルクスまでさかのぼる社会主義の思想、特に階級闘争の概念は、戦争や平和の問題と直接結びついているわけではなかった。社会主義者の主な関心は国内の階級意識や革命の可能性であり、ブルジョワ支配下の国際平和に対しては、むしろ敵対心を抱いていたともいえる。マルクスも述べたように、ブルジョワジーに国境はなく、彼等による営利の追求は万国共通のものであったから、ブルジョワ政権同志の戦争というものは想定し難く、また仮りにそのような戦争が起れば、それは国内革命勢力に絶好の機会を与える可能性すらあったのである。しかしそれだからといって、労働階級その他の革命勢力が積極的に好戦論、主戦論を唱えるべきだというわけでもなかった。戦争という非常時に名を借りて、支配階級が彼等を弾圧することも当然考えられたからである。

欧米の社会主義者の間で、戦争や平和にかんして明確な思想が発達するようになったのは、十九世紀末になってのことであり、これは植民地戦争の激化、究極的には帝国主義の伸展と密接に結びついていた。この場合、彼等が特に関心を持っていたのは、文明国と未開人の間の争いよりは、強国間の帝国主義的戦争であった。アフリカ、中近東、アジア等において先進諸国が勢力の拡張に汲々とする結果、相互間の対立も激しくなり、戦争の可能性も増大する。そのような、植民地や勢力範囲をめぐる強国間の抗争は、労働階級その他一般庶民の利益とは関係ないのみならず、支配階級、特に植民地経営者、銀行、軍部、官僚等の力を強めるだけのものである。したがって、あらゆる革命勢力ないし現状打破勢力は結集して植民地戦争、ひいては帝国主義そのものに反対すべきである。そのような見方が社会主義者の間に次第に浸透していく。

この場合も、戦争についてのイメージが重要な役割を果していたことに注目すべきである。ヨーロッパ強国間の戦争が、植民地争奪戦、ないし勢力分野の再編成をめぐるものである可能性が高まるにつれ、これは本国における一般民衆の福祉とは何等関係ないものだとされる。したがって、そのような戦争の危険を減らすためには、帝国主義そのものを打破しなければならない、とするのである。

マルクス主義の影響を受けた社会主義者の論理によれば、高度に発達した資本主義は帝国主義的になる、あるいは海外植民地を必要とする、とされるから、三段論法的にいえば、資本主義そのものが戦争の可能性を高める、ということになる。一九〇七年にシュトットガルトで開かれた万国社会主義大会で、資本主義は必然的に戦争に導くものだという宣言が採択されたのも、そのような考え方を反映していた。

何故資本主義は戦争を必然にするのか。その鍵が帝国主義にあるのは明らかである。したがって、平和を求める者は帝国主義に反対するのみならず、資本主義そのものを打破しなければならない。これが一部の社会主義者やマルクス理論に支えられた革命主義者が到達した結論であった。ここに見られるのは、資本主義＝戦争、社会主義＝平和という単純な方程式であるが、植民地をめぐる戦争がそのような思想の中核にあったことに注意すべきである。

もっとも、イギリスの思想家ホブソン（John A. Hobson）のように、資本主義そのものが戦争をひき起すのではなく、その一形態としての帝国主義が戦争の危機を高まらせているのだ、とする考えも存在しており、一九一四年前の段階では、そのような見方が社会主義者の中でも主流であった。つまり帝国主義的な資本主義が危険なのであって、武力による海外伸張を必要としない資本主義は、本来平和的なものだとされる。むしろ帝国主義こそ変則的であり、国の利益にもならず、国内経済の発達にも寄与しない、きわめて非能率的な政策である。それにもかかわらず、植民地の獲得に汲々とする階層（一部の輸出業者、金融資本家、官僚、軍部、軍需産業）は、国家の威信とか名誉とかの名目の下に、海外発展を正当化しようとする。そしてそのような動きが、一層国内政治や社会を軍国主義的にし、国民感情をあおり立てて、その分だけ戦争の可能性を増大させてしまう。

ホブソンが『帝国主義』(*Imperialism*) において述べたように、高度に発達した資本主義経済においては、平和産業を推進し、国民全体の福祉を図り、諸外国との文化的交流を密接にすることが可能なはずである。しかるに現実には軍国主義的な風潮がはびこり、他国への敵愾心が鼓吹されている。文化に対して権力が強調されるようになってしまった。それというのも、帝国主義を押しつけようとする一部の階層の巧妙な宣伝に幻惑されているからである。したがって、平和を求める者は彼等の正体を見破り、帝国主義反対の運動を繰り拡げなければならない。

このような反戦論的反帝国主義論は、第一次世界大戦前に各国で盛り上っていくのであるが、その分だけ戦争の可能性が現実的なものとして考えられたことを物語っている。各国で軍備が増強され、軍部の発言力が増大し、世論も排他的好戦的になっていく。これは植民地獲得・争奪戦と密接な関係を持っている、とされたのである。すでに一八九八年、ドイツのマルクス主義論者ローザ・ルクセンブルグ (Rosa Luxemburg) は、「軍国主義は植民政策、保護貿易、権力政治、軍備競争、勢力範囲の設定等と密接な関係を持っている」と記していたが、さらにこの点を掘り下げて、何故近代国家は帝国主義及び軍国主義の道をとるようになったのか、それは果して必然的な選択であったのかどうかについて、ホブソンとは反対の見解に達する。すなわち、近代資本主義、特に金融資本は海外市場への進出を絶対に必要としており、そのために国家の力を借りなければならない。国の政治力や軍事力を盾として、金融資本は世界各地を支配していく。それが帝国主義なのだ、というわけである。ヒルファディング(Rudolf Hilferding)が述べたように、「金融資本は、海外伸張政策をとり、植民地を獲得するに足る、強大な国家を必要とするのだ」とされる。

帝国主義に関する論議は莫大であり、本書で詳細に取り上げることはできない。しかしその論議の根底にあったのが近代社会・国家と戦争との関連についての見方の相違だったことに注目したい。すなわち一方では経済的に発達した国家は必然的に帝国主義政策をとり、これが戦争の危機を高めているのだとする議論があり、また他方経済の発達はもともと平和的なものであって、戦争はそれ以外の原因で発生するのだという考えがある。後者の立場をとれば、帝国主義も軍国主義も必然的なものではなく、ましてや戦争も不可欠ではない、ということになる。この点をさらに普遍化したのが平和的発展論ないし発展段階論的歴史観であった。

六　経済発達と平和

前節ではマルクス論者や社会主義者の戦争・平和観に触れたが、近代経済の発達と戦争との関係については、彼等以外にも多くの人びとが関心を抱いていた。経済の成長や発展と国際関係はどうつながっているのか、経済的に高度に発達した国は、対外関係ではどのような振舞いをするのか、あるいはすべきなのか、そのような国は、経済的に遅れた国、未発達の国と比べてより軍国主義的なのか、それとも平和的であり得るのか。このような諸問題は近代文明の根幹にもかかわるものであり、当時多くの考えが発表されたのも不思議ではない。

十九世紀末期、近代文明と戦争について最も野心的な著作を発表したのは、イギリスのスペンサー（Herbert Spencer）であったろう。彼の『社会学原論』（*The Principles of Sociology*）の初版は一八七六年に出版されたが、非常に膨大な書物で硬い文章で書かれているにもかかわらず、二十世紀初頭に至るまで数版を重ねたことからもうかがえるように、大きな影響力を持っていた。その一つの原因は、人類の歴史を総合的にとらえ、非文明社会と文明社会の対比を鮮明にしようとした点にあるであろう。つまり、「原始的人間」と「文明社会」とを対照することによって、近代社会の構造や思想をよりよく理解しようとしたものである。

ここできわめて興味深いのは、スペンサーが未開や半開の文明と、軍国主義、戦争、対外侵略等を結びつけていたことである。「未開人の間では、軍の指導者が政治の指導者となる傾向が強く」、半開の社会においては「征服者と専制君主とは同一人である」。軍の指導者が権力を握るということは、その社会にとって戦争（攻撃的であると防御的であるとにかかわらず）は中心的な活動であることを意味する。戦争が社会の組織を規定し、平時においても軍隊が政治を支配する。また同時に、軍隊における、上官に対する絶対的服従、あらゆる部署の中央への従属といった特徴が、政治機構にも反映される。軍事と政治が一体を成しており、個人の私的営みとか、社会各層の経済活動とかは、中央権力の許容する限りで行なわれるに過ぎない。

このような状態は、未開・半開の社会のみならず、文明社会においても見られる現象であるが、そのうちいくつかは次第に「産業社会」の特徴を示すようになる、というのがスペンサーの持論であった。人類の歴史の大半を占める「軍事社会」の中で、一部（古代アテネ、中世のハンザ同盟、近代のオランダやイギリス）においては戦争の頻度が減り、国家権力の及ばないところで農商工業が発達し、市民の自由が確立されていく。宗教や思想の面でも、「軍事的に強制された特定の信条の代りに、自由に受け入れられた多くの信条が発達し、コンフォーミティに代って自発的なユニオン（統合）が生まれる」。最も重要なのは、そのような社会においては軍備は専守的なものに限られ、外敵の存在しない場合には全く撤廃され得ること、そしてこの社会の主な活動は政治や軍事ではなく農業、商業、工業であることである。

そのような「産業社会」が現実に純粋な形で存在し得るのかどうか、スペンサーは明答を避けている。ほとんどの近代社会は、軍事的なものと産業的な要素とを兼ねそなえている、というのが彼の見方であった。しかしながら、文明社会は次第に産業社会の特質を備えるようになるであろう、という考えが彼の社会学の基盤を成しており、少なくとも概念的には、高度に発達した経済活動と軍事活動とを正反対なものとしてとらえていたのである。

ここに見られるのはホブソン的な見解であるが、スペンサーはさらにこれを理想化した文明論の持ち主だったといえる。未開、野蛮の段階から文明、進歩の段階に達する過程において、民主政治とか宗教の自由とかと合わせて、経済的営みの自立性を強調し、さらにこの後者を平和と結びつけた点に、彼の集大成的業績がある。スペンサー的平和論とも名づけるべきこの概念は、二十世紀に入って非常な影響力を持つ。経済発達と平和との相互依存性を理論づけたものだったからである。

もとより、現実はそのような概念と程遠いものであったことは、スペンサー自身も認めていた。しかし近代国家において軍部の発言力が増大したり、排他的好戦主義の思潮が盛り上ったり、軍拡競争が激化したりするのは、いずれも旧態依然たる「軍事社会」の特質が残存しているからであって、経済発達と平和との関係を否定することにはならない。そしてより発達した社会においては、当然のことながら平和への志向が強いはずだ、というのが彼の結論であった。

そのような思想は平和的発展主義ともつながる。ヨーロッパの先進経済諸国は海外貿易の伸張を図り、植民地や勢力範囲の設定に汲々としていたが、スペンサー的な見方に従えば、海外市場や対外移植民の拡充そのものは平和的な営みであり、戦争をもたらすことにはならない。戦争の危険は、国家権力が主導権をとって、軍事力を行使して海外に進出しようとした場合に生ずるのである。したがって、経済力のおもむくままに、市民が海外発展を試みることは、国内における彼等の権利を増大させることともなり、決して排他的、好戦的なものだとはいえない。むしろそのような平和的経済発展主義は、戦争の可能性を減少させるものである。経済的国際主義ともいうべき概念は、その意味ではスペンサー理論の一面だということもできる。

経済的国際主義は、二十世紀初頭の平和論の中でも、特に影響力を持っていた。それは当然のことながら、国際貿易や投資活動の飛躍的発展を反映していたが、国際的経済活動が本来平和志向的なものだという概念自身は新しいものではなかった。貿易は国際分業を前提とした「合理的」な営みであり、略奪を目標とした原始的な戦争とは次元の異なるものだ、という二元論はすでに十八世紀にアダム・スミス（Adam Smith）が展開させていたし、その見方がいわゆるマンチェスター派の自由主義論者によって継承されていったのはよく知られている。しかし十九世紀末になると、マルクス主義論者による戦争論や現実の帝国主義抗争に刺戟されて、経済的国際主義者は古典的な立場を再確認する必要に迫られる。つまり帝国主義の発達や植民地をめぐる争い、さらには各国における軍備拡張等にもかかわらず、対外経済活動は国際緊張や戦争とは結びつかず、反対に平和の支持と強化に役立つものだ、という考えを強調する必要があった。

その根底にあったのは、やはり戦争は野蛮、破壊的、非合理的で、逆に平和は文明的、建設的、合理的なものだとする社会観ないし段階的発展論であった。近代文明が一方では国際経済活動の増大、他方では帝国主義や軍備の拡張をもたらしたとしても、この両者は補完的なものではなく、相反する原理を表わしている。そして近代人が文明的である限り、前者に専心して、世界に平和をもたらすようになるであろう。そのような楽観論はスミスやスペンサーの流れを汲む文明観に立脚しており、経済的合理主義とも呼び得る。この見方を易しい言葉で一般に普及しようと試みたのがエンジェル（Norman Angell）の『大いなる幻想』（*The Great Illusion*）である。一九〇九年に刊行されたこの本は、数年間で多くの版を重ねたが、著者のいわんとすることは簡単で、近代の戦争は非常に費用のかかる、非経済的なものであり、海外市場の獲得や投資の増大こそ、国益を増進する平和的な手段なのだ、という議論である。経済活動の合理性、平和性についての信仰がその基盤を成していたのは明らかである。

しかし現実はそうなま易しいものではなかった。確かに二十世紀に入ってから、国際貿易総額の伸展は止むことを知らず、一九〇〇年から一九一三年の間に倍増するし、ヨーロッパ諸国から他の地域への投資はそれ以上の成長率を示す。しかし一方では大国間の緊張も増大し、エンジェルの本が出版される頃には、来るべき戦争を予言した書物や論文も多く刊行されていたのである。かりに国際経済活動が本来は平和的なものであったとしても、その飛躍的発展とは裏腹に、戦争の危機も増大しているかに見えた。そのような状態において、経済的国際主義を強化し、平和を持続するにはどうすればよいのか、もう少し具体的な討議がなされるべきであったろうが、実際には何等の具体案も発表されないままに、ヨーロッパ諸国は大戦に突入してしまう。経済主義的平和論が、当初は大戦に巻き込まれなかった米国によって引きつがれていくのも偶然ではなかった。

もっともスペンサー的平和論は、必ずしもすべてが抽象的理想的なものではなかった。彼のいう「産業社会」は社会を構成する人びとの自発的協調によって特徴づけられているが、社会の総合的な目標は自己の維持ないし物質的強化である。各々の社会がこの目標を目指す過程で、対立や抗争は当然考えられるし、また「産業社会」が「軍事社会」によって脅かされる可能性も常に存在している。真の世界平和が到来するのは、すべての社会が「産業社会」後の、ある「未来の社会」とスペンサーが呼んだ段階に達した時初めて可能となる。そのような未来の社会は、物質的欲望の充足よりは「より高邁な活動」すなわち精神文化を追求するから、この段階に達した社会の間では、戦争の可能性はゼロに等しい。

しかし実際にこの段階に達した国はないのであるから、先進文明諸国の間でも時として抗争や摩擦が発生しないとは限らない。もしそのようないざこざが戦争に導くとしたら、これら先進諸国は高度の技術を持っているだけに、その結果の破壊には想像を絶するものがある。このような観点から、当時のスペンサー論者は文明国間の戦争を回避し、また止むを得ず戦争になった場合はその破壊力を制限するような取り決めを模索した。「産業社会」は「自発的協調」によって特徴づけられるとするスペンサーの理論を国際関係に適用して、文明国家間でのある種の協調体系を作り上げよう、とする運動が高まりを示すのである。その最も明確な例は一八九九年と一九〇七年にハーグで開かれた国際平和会議であるが、また同時に各国で国際法強化への動きが活潑になったことも見逃せない。特に国際仲裁制度の設立とか、毒ガス使用禁止とかのように、具体性を帯びた取り決めがなされたことは、先進国間の法的協定を平和の基礎としようとする意識を示していた。スペンサー的平和論の法律的な面を表わすものだったといえる。それは一定の文明度に達した諸国間のある種の安定関係を想定していた点で、ビスマルクの国際秩序論ともつながっていたわけである。しかしビスマルクの勢力均衡政策と比べて、スペンサー的平和論は遥かに楽観的であり、平和なるものに歴史的位置づけ、文明史的価値を与えるものであった。

ところが実際には、ヨーロッパ諸国は一九一四年から四年の間、未曽有の戦争に巻き込まれてしまう。それと同時に、ヨーロッパ文明の指導的位置も脅かされるのである。

第三章　米ソ日の登場

一　ヨーロッパの内戦から世界戦争へ

一九一四年の八月に勃発したヨーロッパの大戦を、当事者のヨーロッパ人がどう見ていたかについては、各国で緻密な研究がなされてきたが、本書でそれを一つ一つ取り上げることはできない。戦争が現実のものとなった以上、戦争についてのイメージや見方が従来よりも遥かに具体的なものとなり、また同時に戦後の平和に関しても、戦争目的と密接なからみ合いを示すようになったことは明らかである。そして兵士として戦場に送られ、あるいは敵軍に占領された地域の人びとが、それぞれの個人的体験をもとに、戦争について多様な考えを抱くようになったことも忘れてはならない。抽象名詞としての「戦争」(war) が、具体的な、いわば定冠詞を持った「この戦争」(the war) になってしまったわけである。

しかしそれにもかかわらず、戦争一般についての考えが全くなくなったわけではなかった。事実、現実の戦争が長引けば長引く程、一体戦争とは何物なのか、そして平和をどう定義すべきなのかについて、各種の議論が盛んになるのである。しかしこの問題は戦争当事者であるヨーロッパ人の間においてよりは、当初は非参戦国だったアメリカ、途中から脱落したロシア、部分的にしか戦争に加わらなかった日本などにおいて、突込んだ展開を見せるのも偶然ではなかった。

ヨーロッパ各国において、戦争勃発の当初、一般市民が熱狂的な態度でこれを迎えたことはよく知られている。彼等にとって、戦争は平凡な日常生活を離れて経験する、興奮と刺戟にあふれたものであり、国のために戦うということは、崇高な理念であるように思われたのである。犠牲とか勇気とか闘志とかいった価値が強調され、社会各層の対立が一時的に忘れ去られて、国家という統一的シンボルの下で、すべての市民が協力し合うことが美化される。

当時存在していた戦争観は、このように主としてナショナリズムの発露としての一体的経験といったものであった。それまでにあった戦争観のうち、国際秩序、帝国主義、あるいは近代経済発達とのからみ合いでとらえられていたものが下火になり、国家意識と密接につながっている面が強調されたのだといえる。戦争とは帰するところ国家間の武力対決であるから、これは何等不思議とするに当らないが、特に大戦当初は、この意味での戦争を讃美する声が圧倒的だったことに注目したい。すなわち、戦争の直接の原因が何であれ、イギリス人にとってもフランス人、ドイツ人にとっても、戦うことは国家を守り、強化することであるから、これにまさる営みは考えられなかったのである。

そのような戦争観は、国のために戦うという経験そのものを重要視するから、実際の戦争原因とか戦略とか戦利品とかの考慮は二の次となる。このような具体的な問題がどうなっているにせよ、とにかく一致団結して戦うことに意義があった。対外的のみならず、むしろそれ以上に対内的に、よりまとまった社会を作り上げるために、戦争はまたとない手段だとされたのである。この段階では、したがって戦争の経済的コストはそれ程重要視されず、いわばその政治的心理的価値が強調されたのであり、その意味ではロマンティックな戦争観が近代国家強化の重要な役割を果していたことになる。一九一四年夏の時点では、大部分の者が戦争を短期的な現象と考え、それが各国社会や世界秩序を根本的に変革することになろうとは想像していなかったのもそのためである。

つまり当初の見方では、この戦争は普仏戦争や露土戦争のように、比較的短期のものだというのが一般的で、その結果各国とも政治的社会的に一層まとまったものになろうという期待があった。ヨーロッパ文明に対する一大打撃だというよりは、むしろ文明社会を力づける刺戟剤になろうとすら思われていたのである。第一章で触れたショーの戯曲『傷心の家』序文はまさにそのような現象を皮肉をこめて記していた。文化人をもって任ずる人びとが、一度戦争が始まると熱狂的な愛国者となって、権力者と協力して敵愾心をあおり立てるさまが描写されている。

しかしこのような状態は長続きしなかった。当初の期待を裏切って、戦争が数カ月で終らず、一年、二年と継続するにつれて、戦争の意味や目標について、それまでよりは遥かに真剣な議論がなされるようになる。ところがいつまでたっても戦争が終らないので、一部（特にロシア）では強力な反戦運動が発生するのである。

一九一五—一九一六年のヨーロッパ戦争は、軍事的にはきわだった進展のない、いわゆる「塹壕戦」に終始した。両陣営の兵士が塹壕を掘り、時に攻めあって僅か数メートルの前進あるいは後退を続ける。そのような戦争は、ロマンティックなイメージからは程遠かったし、それが国家の生存とどう関連しているかについても、疑問の念が生じるのは当然であった。

そのような段階で、戦争目的が各国の関心事となるのも偶然ではなかった。ただ愛国主義のためとか国のためとかいうだけではなく、より具体的な目標がなければ、市民の犠牲をこれ以上強いることは不可能だと判断されたからである。例えばイギリスでは、「ドイツ軍国主義」の打破、フランスではアルザス・ロレーヌ地域の回復が戦争目標として掲げられ、一方ドイツにおいては英仏植民地の再編成や、英国海軍力の破壊による、自国の最強国化が云々されるようになる。政府の公けの言明や新聞論調のみならず、一九一六年には各種の秘密協定までできて、戦勝の際に各国が獲得する領土について具体的な取り決めがなされたのである。

しかしながら、戦利品のリストをいくら並べても、実際の戦場で何等見るべき進展のない限り、戦争についての懐疑心、ひいては反対の風潮が出現するのをくい止めることはできなかった。そして一部にではあるが戦争そのものへの強い反感と、同時に平和へのあこがれが現われるのである。大戦初期においては平和論はきわめて限られた現象であり、イギリスの哲学者ラッセル（Bertrand Russell）の無条件平和主義は例外中の例外であった。一九一四年以前までは反戦論非戦論を唱えていた社会主義者の大部分が、「国家あっての社会主義である」との論理の下に、戦争を支持したことはよく知られている。それまで政治問題には大きな関心を抱いていなかった詩人とか音楽家とかも、積極的に戦争を讃美し、「正義」のため喜々として戦場に出かけていったのである。

ところが一九一六年頃になると、厭戦気分も拡がり始め、何のために血を流さなければならないのか、果してこの戦いが正当化し得るものなのかどうかについて、疑念が高まっていく。もちろん戦時下であるから、表立って反戦の運動をすることは不可能に近かったが、それでも各国の知識人、芸術家、社会主義者等の一部の間で、早く戦いを収め、平和を再建すべきだという動きも出てくる。戦争というものは、当初信じられていたように、正義のための高尚な戦いとか、国家のために血を流す美しい行為だとかではなく、醜い、無意味な営みで、死ぬ本人にとっても国にとっても、何等の価値や利益をもたらさぬものだ、という見方が、例えばイギリスのサッスーン (Siegfried Sassoon) の詩などによって表わされていく。一方政治運動としては、ドイツやオーストリア・ハンガリーにおける一部の社会主義者による「交渉平和」への動きが表面化する。

戦争を交渉によって収め、休戦を協定した上で平和状態を回復するという筋書きは、従来の戦争論にもともより存在していた。ただクラウゼヴィッツ流の戦略においては、敵の戦闘能力や意志を壊滅させる程の打撃を与えた上で講和を結ぶのが望ましいとされていた。このたびの戦争においても、各国ともそのような見方を出発点としていたことは疑いない。しかし戦争も二年を経、三年目に入ると、相手側の壊滅を期待するよりは、何等かの話合いで平和を回復すべきだという意見が一部に生ずる。これはとりも直さず現実の戦争が当初のイメージとは著しくかけ離れてしまったことを反映していた。

これ以上戦いを続けたところで、クラウゼヴィッツ的な意味での勝利を収めることは不可能に近いと思われ、もしそうであればできるだけ早く交渉によって休戦を取り決めた方が、国や社会への損害を最小限にくい止めることができよう、という考えにつながっていく。

すべての国でそのような動きが同時に出てきたわけではないが、英仏側においても、ドイツにおいても、一九一六年の後半に一部の勢力、特に社会主義政党や左派の政治家、知識人の間で交渉平和論が高まっていく。そしてロシアにおいては、この動きが大規模な政治運動となり、一九一七年二月の革命へとつながっていくのである。他の国ではそのような変革的な動きとはならなかったが、少なくとも平和と国内政治とのからみ合いがおぼろげながら表面化してきたのは興味深い。すなわち、勝利ではなく妥協を唱えるものが左派ないしリベラル派に多く、最後の勝利を目指して戦争を継続しようとする勢力の中では、保守派や右派が重きをなしていたということである。戦争と平和の問題が再び政治化し、イデオロギーに左右されるようになったともいえる。もしも一九一六年末、あるいは一九一七年初期の時点で大戦が終りを告げていたとしたら、それは国内政治におけるリベラル派や左派の勝利を意味するものであったろう。

しかし当時交渉による和平をもたらすためには、多くの障害を乗り越える必要があり、結局は不成功に終ってしまう。一つには各国の軍部や政府の指導者が、依然勝利を可能と見ていたことがある。特にドイツにおいては、政党や議会の多くの勢力が妥協による和平を支持していたにもかかわらず、海軍の戦争継続論が政府を説得して、Uボート（潜水艦）使用による勝利を目指す。英仏側もこれに呼応し、米国とも手を組んで再びドイツに対する戦争を完遂しようとするのである。しかし仮にUボート作戦がなかったとしても、当事国同志による和平が交渉し得たかどうかは疑問である。どのような平和を求めるのかについて、ヨーロッパ諸国の間に一致点が簡単には見出されなかったであろうからである。

もちろん、一九一四年七月の状態にまで戻ることによって、和平を回復させるのは一つの案であったが、これにはフランスが絶対に反対であるのみならず（アルザス・ロレーヌ地方のフランスへの回帰は平和の最小条件であった）、ドイツやイギリスの和平派ですら、旧態への復帰が望ましいと考える者は少なかった。一九一四年に戻っただけでは、またいつ戦争が再発するか知れなかったからである。しかしそれではどのような妥協が可能なのか、交渉による平和の回復を唱える者の間でも、容易に共通点は見出せなかった。

リベラルないし左派勢力も、これ以上戦争を続けることの無意味さを理解しても、どのような妥協平和が望ましいのか、具体案を持ち合わせていなかった。これは究極的には、平和についてのヴィジョンを持っていなかったからである。すなわち、どのように定義された平和がより好ましく、持続性のあるものなのか、この破壊的な戦争に代わって、もっと安定した国際秩序を作るとしたら、いかなる原則を採るべきなのか等について、十分な思考がなされておらず、したがって各国のリベラル派や社会主義者がそれぞれの政府を動かして和平への交渉を始める前に、大戦はその第二段階に突入してしまう。そしてその段階においてヨーロッパ以外の勢力、特に米国が決定的な役割を果すようになるのも偶然ではなかった。

二　米国の役割

本書ではここに至るまでアメリカはほとんど登場しなかった。それはもちろん、アメリカ人が戦争や平和について考えていなかったからではない。十八世紀末の米国の建国以来、国際問題への関心は常に存在していたし、独立戦争とか南北戦争とかの、国の存亡をめぐる出来事も、対外関係と密接な関係を持っていたのである。前者が英仏戦争と軌を一にし、後者はヨーロッパにおける平和の時代と重なったことは、アメリカ史上決定的な意味を持っていた。さらに二十世紀の初頭、世界的な強国として国際舞台に新しく登場する米国において、戦争や平和について多くの議論がなされたのも当然である。特に一九〇五年頃になると、世界の平和や安定に最も効果的に貢献するために、アメリカは何をすべきかについて、政府や世論の指導者は真剣な論議をするのである。

ただ第一次大戦前の時点では、米国における考えの大部分は直接自国と関係のある防衛問題を取扱ったものか、あるいはヨーロッパの思想を繰返すだけのものであり、戦争と平和についてユニークな見方を提供するものは稀れであった。例えば前者のケースの中では、リー（Homer Lea）の著作が有名であるが、彼は太平洋沿岸の諸州が、日本軍による侵入の危機にさらされていると警告、米国大陸における日米戦を想定したシナリオを発表した。しかしこの場合も、リーの関心はアメリカ人に危機意識を植えつけることによって国防の強化を図ることにあり、普遍性のある戦争論にまでは至っていなかった。

一般論としての戦争や平和の考えのほとんどは、ヨーロッパからの直輸入だったといえる。前章で触れた見方のほとんどはアメリカに紹介され、アメリカ人自身の考えともなっていったわけである。その中でも特に影響力のあったのが、スペンサー的平和論だった。上述したように、スペンサーの考えの中には、高度産業社会はより文明的、したがって平和的だという見方と、それにもかかわらず文明諸国の間でいざこざが生じた場合には、協調（話合い）によって問題を解決することが可能だ、という楽観論の、二つの大きな流れがあった。そしてこの両者とも、アメリカ人に多大の影響を与える。タフト大統領（William Howard Taft）等の唱えた経済的国際主義（先進国は貿易や投資の活動を通して平和に貢献し得るとする見方）は前者の流れを汲んでおり、ルート（Elihu Root）等の法律家が提唱した仲裁制度その他の国際法秩序建設への動きは、第二の面を反映していた。

要するに、一九一四年以前においては、アメリカ人の戦争・平和論は概してヨーロッパ人のそれと異ならず、したがって国際的な影響力を持つものは少なかったといえる。大戦勃発前の段階で、戦争論の中でおそらく最も読まれたのがリーの『無知の勇気』（*The Valor of Ignorance*）——日米戦を仮定したもの——で、一方平和論の中ではイギリスの著者エンジェルによる、前述の『大いなる幻想』だったということは、この間の事情をよく物語っている。ヨーロッパ諸国と同じ次元で平和を論ずるか、あるいは対日問題のように特殊な事情による戦争を想定するかのいずれかで、米国が自らのイニシアティヴで国際秩序に寄与し得るものは何かについて、深く掘り下げた著作はまだ発表されていなかった。

この状態はヨーロッパ大戦の勃発と長期継続化によって一変する。経済的に最も発達した文明国が死闘をくり拡げ、お互いを破壊しあうという現象は、アメリカ人にとってショックであると同時に、米国とヨーロッパとの相違を再認識させる。米国は戦争に巻き込まれなかった。それは何故か。逆に、ヨーロッパ諸国が文明や経済の発達度にもかかわらず、野蛮な戦いをくり返さなければならないのはどうしてか。これからの世界はどのように進み、その中でアメリカは如何なる役割を果すことになるのか。このような問題を考究する過程で、戦争や平和についての論議がかつてなかった程進められ、アメリカ的とも呼び得る見方が次第にその輪郭を明らかにさせていくのである。

一九一四年から一九一七年まで、米国が中立の立場をとった時の外交政策については、ここで触れることはできない。ただ本書の中心テーマたる戦争と平和の思想が、現実の戦争の中でどう発展していったかを見極める必要がある。

まず第一に、ヨーロッパ大戦は決して偶発的なものではなく、「旧世界」の旧態然たる勢力均衡外交の産物だ、という見方が再認識されたこと。新旧大陸を区別する見方は以前からあったが、特にヨーロッパの権力外交やバランス・オヴ・パワーを批判して、これこそ国際政治を最も不安定にする要素だ、とする信念はこの頃から急速に高まるのである。もとよりそれは、ヨーロッパの戦争に米国が巻き込まれなかったことを反映しており、ヨーロッパ諸国のように「旧式外交」に徹する限り戦争は避けられない、また逆に米国の平和を守るためにも、権力政治的な道は歩むべきではない、という信条へとつながっていく。この次元においては、勢力均衡が破れたから戦争になったのではなく、そもそもバランス・オヴ・パワー的発想法そのものが戦争の可能性をはらんでいるのだ、ということになる。したがって、将来戦争のない国際社会を築こうとすれば、米国としても他の諸国にしても、この原則以外の、新しい方式の下に世界の秩序を建設しなければならない、というのである。

この場合、どのような方式が考えられるのか。一九一四年から一九一七年初頭へかけての米国においては、戦後の平和について、三つの見方がきわだっていた。第一は、戦前の経済的国際主義の流れを汲むもので、世界の平和は多国間の経済交流によって維持促進されるものだ、という考えである。一九一四年の夏、大戦勃発前夜に、ウィルソン大統領（Woodrow Wilson）は腹心のハウス顧問（Edward House）をヨーロッパへ派遣し、英仏独等の指導者に向って、今こそ経済協調を進めて戦争の危機を回避すべきであると説くように訓令したが、これなども多角的経済活動と国際秩序の安定とを関連づけた好例である。実際にはハウス使節の工作は失敗に終ったが、戦争突入後もそのような考えはアメリカでは衰えず、むしろ一層強くなった。一つには戦争のため貿易や海運がみだされ、中立国（米国等）の経済活動にも障害が生じたため、戦争を経済面からとらえる見方が一般化したことにもよるが、また同時に、米国自身の経済力が相対的に増大したことも反映していた。アメリカの商船が英独等の海軍によって不当に拿捕されたり、攻撃されたりしたにもかかわらず、米国の対外貿易は一大飛躍を遂げ、同時に対外貸付けも盛んになる。それまで資本の輸入国だった米国が、初めて輸出国となるのである。そのようにして経済力を強化した米国が、戦後の世界で今までとは比べ物にならない程の役割を果すであろうと期待されたのも当然だった。そしてこの場合、米国の国際的な役割は多分に経済的なものとなろうと予想されたから、戦後の平和も、国際経済活動の復興と促進にかかっていると考えられたのである。

この点と関連して第二の考え、すなわち国際協調による平和の維持、という観念も生じる。経済的国際主義はもとより相互依存的な国際環境を前提としているが、そのような環境は決して自然に発生するものではなく、またきわめてもろいものであることも、一九一四年以降の事態が示していた。したがって、平和の再建と維持のためには、通商国家が積極的に協力して二度と世界経済交流の混乱が生じないようにしなければならない。そのような考えが強くなって、従来よりはもっと体系的な国際協調の観念へと導くのである。航海の自由とか、機会の均等とかいう原則は、すでに米国政府がしばしば主張してきたものであったが、大戦中には、これら諸原則を戦後国際秩序の基礎とするために、これに国際法的な力を与え、その拘束力を高めるため何等かの国際組織を設けるべきだ、ということになる。つまり従来のように二国間の通商航海条約によって国際経済活動を保護・規定するのみならず、ある種の政治的組織も作り上げることが望ましいとされたのである。

その具体的な一例が「平和を実施するための連盟」(The League to Enforce Peace) であった。若いジャーナリストのリップマン (Walter Lippmann) が「近代史上の一大分岐点」と形容したこの組織は、従来の権謀術数的外交に代わって「世界政治の国際化」を図るものであり、諸外国が参加することによって平和的秩序を維持しようとするものであった。一九一六年にはウィルソン大統領もこの案に同意し、戦後米国は積極的にこの種の国際組織に加入することを確約する。その組織の内容はまだ漠然としていたが、経済的国際主義の原則を守り、秘密協定や排他的軍事同盟に代わる多国間の協調関係を保つための連盟となるであろうことはすでに明らかだった。つまりただ漠然と平和を求めるのではなく、あるいは経済の力のみに依存することもなく、主要国家間の政治的協調の場を築くことこそ、平和への道なのだという信条にもとづいていた。ここにも平和の再定義、特に米国を中心とした平和観の発展が見られるのである。

第三に、将来の平和は各国における国内改革に依存するという、いわば国内秩序重視的な見方が米国内で強まっていく。これはすでに述べた諸点とも関連しているが、戦争とは所詮破壊的非文明的な行為であり、そのような行為に出るのも各国の政治が封建貴族や軍閥に牛耳られているからだ、というアメリカ的ヨーロッパ観に根ざしている。したがって今後より安定した平和を樹立するとすれば、通商の回復や国際機構の設置と同時に、主要国家における内部的改革も必要だ、とされるのである。この見方は、大戦の長引くことが確定的となった一九一六年頃から、米国においてきわめて影響力を増す。この破壊的な戦いは一刻も早く終結すべきであるのにもかかわらず、各国とも平和を求めず、無駄な血を流しているのは、政府や軍部の指導者が旧態然たる勝利を追求し、国民の犠牲を強いているからである。したがってもっと国民の意向を反映した指導者の出現しない限り、平和の到来は期待し得ないし、また逆に、もしも米国がイニシアティヴをとって平和を回復させれば、その分だけ各国における改革派を勇気づけることにもなろう。そのような信念が、一九一六年を通じてのウィルソン大統領による妥協平和の提案へとつながっていく。

当時の表現でいえば、穏当な平和（a liberal peace）は国内改革（liberal politics）にかかっている、とされる。米国としては「勝者の平和」ではなく「勝利なき平和」を求めたい。それでなければ再び戦争の危険があるからである。しかし「勝利なき平和」を受け入れるためには、各国において穏健派、リベラル派が主導権を握る必要がある。一九一七年の段階では英仏独露等いずれも主戦論者が政府や軍部を支配しているように見られたが、少なくとも米国としては「リベラル・ピース」を主張することによって、各国の政治の動きにも影響を与えるべきだ、という意見がアメリカ人の間に高まるのである。

これはきわめてアメリカ的な見方だということができる。もちろんヨーロッパにおいても、例えば社会主義者は国内政治体制と対外関係との結びつきを早くから主張していたし、国内の動向と戦争との間に密接な関係の見られたことも、すでに触れた通りである。しかし米国的な考えでは、もっと具体的に、リベラリズムの対内的及び対外的表現は不可分のものとされ、究極的には世界平和は政治の改革を基礎にしなければならないとされた。国内秩序と国際秩序の相互補完性を想定するこの見方は、その後もきわめて影響力を増すのである。ある特定の政治体制は、それに相応する対外政策を作り出す、とする概念が米国において著しく発達したのも、同国の中立と政治改革の実績を反映するものであったが、ウィルソン大統領以下アメリカの指導者は、同じ方程式は他の諸国にもあてはまるはずだと信じていた。

一九一七年二月、帝政ロシアで革命が起り、新しい政権が樹立された時、米国政府や世論がいち早くこれを歓迎したのも、そのような思想的背景があったからである。それまでヨーロッパ諸国の中でも最も反動的と見なされ、したがって平和への障害だと見られていたロシアで「民主的」な革命が起きたということは、当然ロシアの対外政策にも影響を与えるであろうし、より妥当な平和の到来の可能性をその分だけ強めるものだと期待された。

ところが皮肉にも、ロシアがやがては停戦から平和の状態に入るのに反し、米国自身はヨーロッパの戦争に介入、英仏と連合してドイツと戦うことになってしまう。それまで大戦をヨーロッパ諸国の旧態依然たる野心や秘密外交の産物だときめつけていたアメリカが、百万を超える軍隊を戦線に送り、一年以上の戦いを続けることになる。そして一方ロシアが戦線から離脱するため、米露関係もきわめて微妙なものとなる。一九一七年以降はロシアが平和の勢力となってしまうのである。しかしそれにもかかわらず、米国は「リベラル・ピース」の追求を止めない。この間の事情を理解するためには、まずロシア革命が戦争・平和観に与えた影響を考察する必要がある。

三　ボルシェヴィズムと平和

二月革命以後成立したロシアの諸政権（いわゆるケレンスキー政権を含め）は、ヨーロッパ大戦続行の方針を貫こうとした。国内の政治改革を通じて従来よりは効果的に戦争を続け、英仏側の勝利に寄与することが期待されたのである。そのような姿勢は米国の意向とも合致するものであった。アメリカにおいても、一九一七年初頭、政治改革と平和問題とを関連づける意識が高まっており、ロシアの革命はまさにこの図式にあてはまると思われたのである。また逆に、ドイツはこの頃を期して無制限潜水艦作戦を採択、泥沼化した大戦に切りをつけて一挙に敵を下そうと試みたため、対米関係も悪化し、四月には米国の参戦をもたらす。

それまで中立を守り、ヨーロッパ諸国の戦争を反動政権同志の旧態然たるパワー・ゲームに過ぎないととらえていたアメリカ人が、その一方と組んで他方に宣戦を布告するということは、理論的に矛盾したものであった。外交上戦略上の考慮は別として、米国参戦を思想的にどう正当化するのか、ウィルソン大統領も世論の指導者も苦慮したのは当然であった。そして彼等が到達したのは「戦争をなくすための戦争」、「民主主義のための戦争」、「改革運動（crusade）としての戦争」といった概念であった。

それまで戦争を罪悪視し、国内改革によるリベラル・ピースを唱道していた国が、今度は戦争を通して改革をもたらそうとする見方に切り変えたのは、思想的な逆転を示していたが、また同時に、そのような意味づけをしない限り戦争参加を正当化できないと信じられていたことを物語っている。すなわち米国の参戦なしに諸外国の国内改革やリベラル・ピースは獲得できない、というのである。究極的な目標は不変だが、手段が中立から参戦へと逆転したわけで、戦争にその分だけ思想的政治的な重みを与えることになる。したがって、一九一七年以降の米国の戦争観と、それ以前の平和観とは思想的につながっていたといえる。米国の参戦によって大戦の性格が一変し、「平和のための戦争」になるのである。

これは多分に一人よがりな見方だったともいえるが、少なくともある次元においては思想的な一貫性を持っていたことは認めるべきであろう。ウィルソン大統領が議会に送った参戦教書にも述べられていたように、平和から戦争になったからといって、アメリカの思想は全く変わらなかったのである。「我々が求めているのは常に平和と正義であり、我々は世界の平和と世界人民の解放のために戦うのである」。平和のために戦うという概念は、古典的な戦略論では常識だったが、ウィルソンの場合、この「平和」とは「あらゆる国の人びとが自分達の生活様式を選ぶ権利を持つ状態」、すなわち民主主義を意味しており、ここから「民主主義のための戦争」というスローガンも生まれる。民主主義の敵、具体的にはドイツの「独裁」政権の存続する限り、真の平和はあり得ないというのである。

しかしながら、ドイツの「独裁」政権は一九一七年以前にも存在していたのであるから、その打破が平和のために必要であるならば、米国はもっと早くから参戦すべきではなかったか、という疑問も生ずる。また逆に、それまでドイツと大同小異だと思われていた英仏諸国が、どうして急に「民主主義」側に立つことになったのか。米国の参戦が果して諸外国の内政改革をもたらすことができるだろうか。それまで戦争と改革とは両立しないとされていたのに、突然戦争によらなければ改革はあり得ないというのは矛盾ではないか。

そのような疑問は、ウィルソン的戦争観に対し、アメリカ国内でも提起され、そのため米国政府は世論操作局（The Committee on Public Information）を設けて、国民の思想指導をするわけであるが、ウィルソンの見方に対する最も痛烈な批判はロシアにおいて、特にボルシェヴィキ党によってなされた。

二月革命以後、ロシアは民主国家となり、四月以降は米露が共同して民主主義のためにドイツと戦う、というのがウィルソンの見方であったが、ロシアの過激派、特にボルシェヴィキ党は最初からこれに真向から対立した姿勢を示していた。彼等によれば、資本主義国家間の戦争は、それが如何なる口実の下に戦われようと、帝国主義的抗争に他ならず、労働者や農民の利益とは無関係であった。レーニン（V. I. Lenin）が有名な『帝国主義』を著わしたのは一九一五年から一九一六年にかけてであったが、当時スイスにいた彼は、ヨーロッパの大戦は帝国主義国家間の植民地再分割の争いであるとし、プロレタリアートはそのような戦争に手を貸してはならないと主張した。しかしまた同時に、戦争が資本主義経済を疲弊させ、その結果プロレタリア革命の可能性も高まるであろう、と彼は見ていた。したがって各国の革命主義者や労働階級は、まず戦争の継続に抵抗してお互いの殺し合いを止め、その上で革命的手段に訴えて政権を獲得すべきだ、と唱えた。

これは明らかにウィルソン的な戦争論とは正反対のものであった。レーニンによって代表されるボルシェヴィキの戦争観は、プロレタリア革命の戦略と表裏をなしており、戦争も平和も革命達成との関連において意味を持たされていた。そして何をおいてもまず戦争を終結させ、その上で世界革命を企てようとするのであり、戦争を継続して民主的改革をもたらそうとする米国の立場と対照的であった。ただ両者とも、戦争と平和とを正反対のものとしてとらえず、「平和のための戦争」（ウィルソン）とか「革命のための戦争と平和」（レーニン）というように、相対化して見ていたのは注目すべきである。

いずれにせよ、ボルシェヴィキは「平和とパン」をスローガンとして、戦争継続の方針を貫こうとするケレンスキー政権と対立、一九一七年の夏から秋にかけてロシア各地で暴動やデモを起す。そしてペテルスブルグに戻ったレーニンの下で、十一月ケレンスキー政府を倒してプロレタリア革命政権を樹立するや、直ちに休戦・和平を呼びかけるのである。この場合「無賠償、無領土併合」の原則で平和を呼びかけたのは、米国政府の主張とも合致していて興味深い。事実、一九一八年初頭、ウィルソン大統領は平和に関する「一四カ条」の原則を発表、リベラル・ピースの青写真を示すのであるが、これは平和へのイニシアティヴをロシアから取り戻そうとする意欲の表われだったということもできる。その点では、ボルシェヴィキもアメリカも、戦争の早期終結を望んでいたわけだが、実際にはドイツにその意志はなく、平和の到来はさらに数カ月後のことになる。しかしボルシェヴィキとしては、休戦は絶対命題であり、三月にドイツと単独停戦の協定をするのである。それがロシアにとってきわめて不利な条件（ウクライナ地方のドイツへの併合等）の下の「平和」であったにしても、革命の成就のためには、これは戦争の継続にまさるものだとの判断があった。

ところで皮肉なことに、一つの戦争（ドイツに対するもの）を終えたロシアは、また別の戦い（英仏米日等による干渉戦争）の可能性を考慮しなければならなくなる。ヨーロッパ大戦は帝国主義戦争と規定され、ロシア革命の成就のためにドイツと屈辱的な和平を結んだが、革命政権が勢力を増すにつれ、資本主義国家群は協力して干渉をするであろう、と予期されたのである。それまでの帝国主義戦争論に加えて、社会主義国対資本主義国の戦争、という方程式ができ上っていく。これはレーニンやトロツキー（Leon Trotsky）の革命理論や歴史観と密接なつながりを持っていたが、要するに社会主義革命の成功は一国のみに止まらず、世界各地にまで拡げられなければならないから、その過程で反革命勢力はこれに対し武力で抵抗するであろう、したがって新しいタイプの世界戦争が始まることは避けられない、とするものであった。そしてヨーロッパ諸国は大戦で弱体化しているから、資本主義陣営は米国が指揮することになろう、という見方もすでにトロツキー等によって抱かれていた。ロシア革命に対する干渉戦争は避け得ないものだとされたが、ボルシェヴィキとしては、できるだけその規模を最小限にし、まず国内の革命を成功させる必要があった。そのためにも何等かの形で米国との接触を図ることが賢明だとも考えられていた。

ここに見られるのは、戦争についての観念的な見方、革命の手段としての平和、そして戦争と平和の相対化である。これをアメリカにおける戦争・平和論と比較するのは興味深い。現実に行なわれている大戦に対し自らの参戦後米国は道義的な意味づけを与えていたが、ロシアは全くこれを無意味なものとした。その一方、米国にとってこの戦争は「すべての戦争をなくすための戦争」であったのに対し、レーニン等はやがて来るべき社会主義・資本主義国家間の戦いを念頭に置いていた。しかし両者とも、戦争と平和の区別をきわめてあいまいなものとしていたともいえる。すなわち、米国は戦争の中に平和を描き、ロシアは平和の中に戦争を考えていた。両者の境界は漠然としていた。その点では、ウィルソンもレーニンも、平和を絶対的なものとする従来の平和主義とも、常時臨戦体制を想定する後年の永久戦争国家論とも異なった、改革（米国）ないし革命（ロシア）の手段としての戦争及び平和という、相対的理念を作り上げていたわけである。

いずれにせよ、一九一七年から一九一八年への段階において、米国とロシアは異なる戦争を戦っていた。前者にとって戦争とはドイツ専制主義・軍国主義打破のための戦いであり、後者は非社会主義国家の干渉を避け、国内全土に革命政権を確立するための闘争であった。そしてこの二つの戦争が一つのものとなるのが一九一八年夏のシベリア出兵である。これはウィルソン大統領にとってはドイツによるロシア支配を防ぎ、反独反革命分子を助けて対独戦を続行させようとするもくろみにもとづいていたから、根本的には大戦の一環に他ならなかった。ところがボルシェヴィキ政権にとっては、シベリア出兵や同時期に行なわれた英仏米軍によるアルハンゲリスク派兵は、資本主義国家群による干渉戦争の始まりであった。そしてロシアの新政権が最も恐れたのは、英仏側が対独戦を休止して、ドイツもさそって大々的な反革命戦争を開始することだった。レーニンやトロツキー的な見方に立てば、そのような可能性は十分にあったのである。

ところが米国政府には、この時点で大規模な反ボルシェヴィキ干渉戦争を起す意図はなく、むしろ英仏さらには日本軍と行動を共にすることによって、これら諸国の行為を牽制しようとした。ウィルソンにとって、現実に戦われている戦争は唯一つであり、シベリア派兵を口実に他国が対露戦を行なうことには正面から反対していた。そのためもあって、いわゆる干渉戦争は小規模なものに過ぎず、シベリア東部でもほとんど戦闘行為らしいものはなかった。皮肉なことに、唯一戦闘らしいものといえば、ヨーロッパの大戦が終ってかなりたった一九二〇年、ニコライエフスク市における日本軍と赤軍やパルティザンとの武力衝突であった。日本は到底米国その他の支持を受けることができず、数百名の死者を出した後撤兵を余儀なくされる。

日本がこのような形で第一次世界大戦に脚註的に登場したのは意味深い。以下項を新たにして、日本人の戦争・平和観に多少触れることにする。

四　日本にとっての戦争と平和

明治維新（一八六八）が普仏戦争とほとんど時を同じくし、明治天皇の死（一九一二）がヨーロッパ大戦の前夜にあたっていたことは、大変象徴的である。近代日本の始まりを告げる明治時代は、ヨーロッパにおける四十数年間の平和及び戦争準備の時期に相当していたのである。したがって、明治の指導者や言論界が戦争と平和について考える場合、当時のヨーロッパにおける諸思想の影響を受けたのも当然であった。国際社会の仲間入りをした日本を、イギリスやドイツ等と同一視し、これらの国における戦略論、権力政治思想、あるいは平和主義等が日本にもあてはまるのは当然のことだとされたのである。

逆にいえば、当時の日本に、独特の戦争・平和論を見出すことは困難である。明治時代に日本は対清、対露の二大戦争をするのであるが、この二つの戦争に対する見方、それを正当化する論理、あるいは反対の議論等のほとんどが、ヨーロッパ的思考の翻訳に過ぎなかったといえる。したがってそれを一つ一つ取り上げることはしないが、ただ唯一「日本的」な意味合いを持っていたアジア主義ないし人種論的な国際観には触れる必要がある。

日本が欧米に学び、先進国の戦略論や平和概念の吸収に専心していた明治時代においても、日本がアジアの一国であり、人種的文化的に西洋諸国とは違うのだという認識が消えることはなかった。ただ多くの場合、この認識は、それだからなおさら欧米に受容されるように国力を充実し、国際舞台で彼等と同等な振舞いをしなければならない、とする見方につながっていく。戦争・平和論の発展上最も端的な例は三国干渉（一八九五）から日露戦争（一九〇四—一九〇五）へかけての日本の立場であったろう。折角清国との戦いに成功し、勝者の平和を獲得しながら、露仏独の干渉によってその平和（南満州の権益）を放棄せざるを得なかったこと、ところが十年後、今度は米英仏等の暗黙の了解の下に対露戦争を始め、南満州に地歩を獲得したということは、日本にとっての戦争と平和が如何に欧米列強の理解を必要としたものであるかを示していた。アジアに孤立していたのでは、戦争も平和も望ましい方向には向け得ないということである。

しかしながら、日露戦争勝利後もある種の孤立感は消えることがなかった。米国やカナダにおける日本移民の排斥や、ドイツにおける「黄禍論」の高まりなどは、日本人の国際意識にも影を落とし、戦争や平和についての見方にも影響を与える。その極端な例が人種戦争論であったろう。これももともとはヨーロッパの一部でいわれていたことだが、明治末期になると日本国内で有色人種対白色人種の宿命的な対立、そして戦争の可能性といった考えが政府指導者の間ですら抱かれるようになる。

人種間の対立は不可避であるから、日本はアジアの一国、及び有色人種の国としてそのような戦いに備えなければならない。そしてそのためにも他のアジア諸国と協力して、あるいは彼等を導く盟主となって、有色民族の団結を図り、白人勢力の打破を目指すべきである。そのような考えがアジア主義の基調を成していたが、もちろん中国その他の国々と協力するのと、その上に立つのとでは性格が対照的に異なる。当時前者を代表する見解はきわめて限られており、アジア主義者の大部分は日本の指導下の反白色国家連合を唱えていた。しかしその場合にも、直ちに有色人種と白色人種との間の戦争が発生すると見なす者は少なく、むしろ平時においてもアジア諸国民の間に日本の勢力を拡め、最終的な人種戦争に備えるべきだという見方が一般的であった。

ここに見られるのは、伊藤博文が「平和の戦争」と名付けた概念の好例である。伊藤は必ずしも人種的対立を悲観的にとらえていたわけではなかったが、列国は平時も国勢の伸張に汲々としており、その意味では平和といえども戦争と質的に異なるものではなく、常日頃の国勢の消長が戦時における成功の鍵を握っているのだ、という彼の考えの底に、欧米国家を恐るべしとする観念のあったことは明らかである。そして日本としても常に国力の隆盛に心する必要があり、その一環としてアジアにおける勢力を発展させるべきである。そのような観点に立てば、平時こそ大陸進出を図るべき好機なのである。図式化していえば、将来の人種戦争に備えて、平和の時に日本はアジアに自らの力を扶植させなければならない。日露戦争後の「戦後経営」の思想や、第一次大戦当時、山県有朋が戦後欧米諸国が再び協調してアジアで攻勢に転ずる前に、日本は中国における地歩を固めておくべきだと主張した事実などは、この種の見方の典型であった。

日本的な平和の観念をさらに明白に唱えたのが、近衛文麿の「英米本位の平和主義を排す」（一九一八）であろう。この小論（『日本及日本人』に発表された一〇ページ程のもの）は、大戦後の講和会議の前に書かれ、一時的な注目を集めたが、それが特に有名になったのは一九三〇年代後半、近衛が貴族院議長ないし総理大臣として政界に重きをなすようになってからである。しかしいずれにせよ、平和とは何かについて、日本が欧米諸国とは異なることを強く意識して考究したものとして興味深い。近衛の言葉でいえば「日本人本位に考え」た平和論であった。

日本人本位の考えとは、西洋、特に英米の見方を模倣して、欧州大戦を善と悪との争いだったとする代わりに「現状維持を便利とする国と現状破壊を便利とする国との争」だったのだと認識することである。英米仏等によって支配された世界の現状をドイツが「打破せんとしたるは誠に正当の要求」であり、逆に「英米の平和主義は現状維持を便利とするものの唱うる事勿れ主義にして何等正義人道と関係なきもの」である。現状維持国家はすでに「巨大なる資本と豊富なる天然資源を独占」しているから、武力によらず「経済的帝国主義」によって世界に君臨しようとしている。これに対し「領土狭くして原料品に乏しく、又人口も多からずして製造工業品市場として貧弱なる」日本が、英米本位の平和主義にかぶれるのは全く無意味である。真の平和のためには、日本は他の「後進諸国」と共に経済的帝国主義を打破し、特に「黄白人の差別的待遇の撤廃」を要求しなければならない。それが不可能とすれば、日本も「自己生存の必要上戦前の独逸の如くに現状打破の挙に出でざるを得ざるに至」るであろう、と近衛は警告した。

ここに見られるのは先進国・現状維持国に対し、後進国・現状打破国としての日本というイメージであるが、この両者の間には本質的に緊張関係が存在していると主張し、したがって戦争の危機は常にあるのだと見なす点で、従来の戦争・平和論の幅を拡げるものであった。先進国によって定義された平和と、「世界改造」の後にはじめて到来し得る平和とを区別しているのである。もっとも近衛はマルクス・レーニン主義者のように、プロレタリア革命や社会主義国家対資本主義国家群の戦争を想定していたわけではない。ドイツによる戦争を正当化したのは、先進国の間でもいわゆる「已成の強国」と「未成の強国」との対立を考え、後者（日本を含め）が自己の「生存権」を行使して植民地の拡大を図ることもあり得ることを暗示していた。いずれにせよ、一九一八年の時点で、ウィルソン、レーニン両者の戦争・平和論に加えて、第三の視点が提供されたわけである。

この視点が当時の日本人の考え方を代表していたということはできない。いわゆる大正デモクラシー時代の言論界や政界の指導的理念は、世界各地の政治改革にもとづいた平和を唱えるウィルソン主義に共鳴し、日本もかかる「世界の大勢」に歩調を合わせるべきだとしていた。しかしながら、一方では明治末期からの人種対立観や「平和の戦争」的意識も依然力を持っており、英米の「資本的侵略主義」（福田徳三）に対する危惧の念も強く残っていた。したがって近衛的な考えも決して孤立したものではなく、特に人種問題がどう発展するかによって、一層影響力を増す可能性もあった。パリ講和会議はその点でもきわめて重要な意味を持っていた。

五　パリ講和の意味

結論的にいえば、講和会議（一九一九—一九二〇）で作り上げられた「平和」は、ウィルソン、レーニン、近衛の三様の見方のいずれにも相合するものではなく、したがって戦争の可能性をはらんだ一時的休戦とも呼び得るものであった。しかしそれにもかかわらず、平和なるものがかつてこれ程までに真剣に、正面からとり上げられたことはなかったのである。そして会議の産物たる国際連盟及びその規約は、少なくとも大部分の国にとって戦後の平和を定義するものであった。

一九一八年十一月の停戦はウィルソン大統領が同年一月に声明した「一四カ条」（上述）を基礎としていた。この声明は戦後平和の枠組を述べたもので、ヨーロッパにおける具体的な領土問題（例えばアルザス・ロレーヌ地方のフランスへの復帰）の他は、秘密外交の放棄、航海の自由、経済的機会均等、軍備縮小、民族自決、国際連盟の設置等の原則をかかげた。そしてドイツ政府が一四カ条を受け容れる形で停戦に応じたのは、終戦が無条件降服ではなく、条件づきのものだったことを示していた。少なくとも米独両国の間には、ウィルソン的な講和についての了解ができていたといえる。

ところがパリ（ヴェルサイユ）講和会議では、そのような和平に対し英仏日等が難色を示したため、実際の平和条約はドイツにとってもっと苛酷なものとなってしまう。ドイツのみの軍備が制限されたり、多額の賠償金を課されたりするのである。この過程を詳細にたどることはできないが、一つの戦争が終った時点で、諸国が平和についてどのような考えを抱いているかを知る上でも、講和会議の議事録は重要な資料を提供してくれる。

かいつまんで要約すれば、当時平和に対して三つの大きな見方があった。一つは対独懲罰的な平和、すなわち平和とはドイツを処罰し、二度と戦争を起せないようにすることだ、という考えである。この考え方は英仏に強く、戦後ドイツを弱体化、分割、貧困化することが平和を維持することになるのだ、とされた。さらにドイツの対外進出をくい止めるために、海外領土を放棄させると同時に、中欧東欧に新しくいくつかの国を作り上げた。

ここに見られる平和の概念は、国際政治においてドイツを孤立させ、いわば除外することを目指したものであったが、講和会議ではそれとは別に、ドイツも含んだ新しい国際秩序を築いていこうとする流れもあった。これは建設的平和の構想ともいうべく、一四ヵ条の諸原則に沿って、国際主義を基軸とした平和を定義し、その中では勝者も敗者も区別なく、新しい秩序の安定化に寄与すべきだとされた。もっとも具体的には国際連盟の設立以外、見るべきものは少なかったのであるが、対独講和条約とは別に、しかも同じ会議で、国際連盟の規約（covenant）が採択されたのは、平和への決意を示すものとして意義深い。「コヴェナント」という言葉が表わすように、この規約は世界各国が自主的に参加し、新しい秩序に貢献するための枠組を提供したのであり、国際協調の概念を法体系化したものともいえる。

リップマンも述べているように、英仏諸国は懲罰的な対独講和を米国にも受け容れてもらうために連盟の規約に署名し、反対に米国は連盟設置という悲願を達成するために、一四ヵ条原則とはかけ離れた苛酷な講和条約に同意せざるを得なかった、といえるかも知れない。講和条約と連盟規約が最初から表裏一体のものとしてとらえられたため、一九一八―一九一九年の「平和」も、きわめてあいまいで矛盾に満ちたものとなるのである。しかしながら、この事実は連盟を通しての国際秩序の定義という歴史的重要性を弱めるものではない。

規約の中で特に強調されているのは、国際紛争の平和的解決の原則であるが、それには二つの面があった。一つは先進国間の関係であり、講和条約によって定められた新たな国境を「現状」とし、その変更は武力によらず交渉によるべきだとされる。そしてそれにもかかわらず「領土的保全」が侵犯された場合には、連盟加盟国は共同して対処しなければならない。いわゆる集団安全保障の原則であるが、単に数ヵ国の軍事同盟ではなく、国際的な力を結合して平和を維持しようとする姿勢がある。第二はドイツ及びトルコ（戦時中ドイツの同盟国）の海外領土に関し、国際連盟は新たに委任統治制度を設けた。これは過去の戦争のように、勝者が敗者の植民地や領土を分配するかわりに、国際機構の下に管轄し、主要国家に「委任」して管理させると共に、将来の自治ないし独立に備えるというものであった。ここでも国際問題の平和的解決という原則が貫かれていた。旧植民地における急激な変化や大国間の紛争を避けるために、国際連盟の指導の下に、漸進的な改革をほどこし、地域的安定にも寄与させようというのである。ウィルソン的平和概念の一端をよく示していた。

しかし一四ヵ条と比べると、連盟の規約にはウィルソン主義の色彩が薄くなっていることは否めない。そのために一九一九年の「平和」は真のウィルソン的平和ではないとして、米国の中でも諸外国においても批判を受けるのである。特に連盟の規約が国際政治における「現状」の維持を重要視し、平和の経済的条件や国内の民主化についてはほとんど言及していないため、ウィルソンの理想とはかけ離れていた。より確固たる平和の秩序は経済的国際主義及び各国における民主主義の上に築かれなければならない、という立場からは、一九一九年に定義された平和は不十分なものであった。

換言すれば、ヴェルサイユの講和は、日本において近衛文麿等が主張していた経済的平等の原則にのっとったものではなかった。さらに人種平等の原則も無視されていた。(日本はこの原則を連盟規約に書き込むよう主張するが、欧米諸国の反対にあう。) したがって、近衛的な考えで見れば、一九一九年の平和はきわめて「現状維持」的であり、資源や海外市場に乏しい日本等にとっては不公平なものだということになる。

しかしそれにもかかわらず日本が講和条約及び連盟規約を批准したのは、外交的思惑の他に、一九一九年に規定された平和が「世界の大勢」を反映し、米国指導型の国際政治の始まりを示すものだと信じられたからである。日本にとっては、仮りに不徹底な平和であるにしても、従来の国際政治よりは安定したものであり、新しい秩序に参加することによって、これをさらに強固なものとするよう欧米諸国と協力すべきだ、という見方が支配的になる。

対独懲罰的な面と、新協調主義的な面に加えて、一九一九年の平和には第三の面があった。この平和は最初からロシアの社会主義政権を除外するものだったのである。ドイツに対する勝者の平和という形においても、あるいは国際連盟規約によって定義された秩序においても、革命的な国の加入は考慮されていなかった。これは一つにはウィルソン的な平和の理想がレーニン主義と対立し、経済的国際主義とか民主主義とかが、ボルシェヴィキの指導者からは「ブルジョワの夢想」に過ぎないと嘲笑されてしまったことにもよる。また同時に、委任統治制度に対しロシアはコミンテルンの設置を以て応え、世界各地で反植民地主義闘争を起そうと企てたことも、両者の相違を浮き彫りにした。そのような状態にあって、連盟参加国の「コヴェナント」は反革命的な意味合いを持つことは避けられなかったのである。ロシアは講和会議にも国際連盟にも招待されず、一九一九年の平和にとってアウトサイダーでしかなかった。そのような事態を平和と呼び得るものかどうか、少なくともロシアの指導者にとっては疑わしく、彼等は一九一九年の国際秩序を資本主義対社会主義の闘争の一過程として見なすのである。

要するに、第一次世界大戦の数年間、戦争と平和についてかつてない程の論議が重ねられ、漸くたどりついたヴェルサイユ秩序も、その性格はあいまいであった。しかしそれにもかかわらず、八五〇万人の戦死者を出した未曽有の戦争が、人類の平和観に与えた影響は測り知れないものがある。今後戦争や平和を考慮する場合、たんに戦争（war）や平和（peace）ではなく、「あの戦争」(the war)、

「この平和」(the peace) について語られることが多くなるのである。これはある意味では不幸なことであった。特殊な戦争や平和に関心を向けるために、一般論としての戦争・平和の観念の発達がはばまれるからである。戦争と平和の論議を歴史的に制約したのが、一九一四—一九一九年の意義だったといえるかも知れない。

第四章　一九二〇年代の平和思想

一　平和の基盤としての軍縮と通商

一九一八年から一九三一年までの十数年間、比較的平和な時期が続いた。小規模な戦争（ロシア・ポーランド間、トルコ・ギリシャ間の領土紛争等）や海外派兵（日本による山東出兵、米国のニカラグワ派兵等）はほとんど絶え間なくあったにしても、一九一〇年代や一九三〇年代に比べれば、国際関係は遥かに安定していた。これを平和の時代と呼び得るものかどうかは別として、当時各国の政府や世論の指導者達が平和問題について真剣に考え、国際秩序をより安定したものとするために、多くの提案を行なっていくのも事実である。実際に大規模な戦争がなかったために、平和の思想を発展させる機会があったのだといえる。

一九二〇年代の平和の思想にはどのようなものがあったのか。もちろん、その出発点が一九一九年の講和であり、したがって平和即ヴェルサイユ体制（peace = the peace）だとする見方が最初のうちは一般的だったのは、前章でも触れた通りである。その見地に立てば、いつまでもドイツを弱めておく、あるいは国際連盟の機能を開始させることがすなわち平和なのだという、狭義の平和論しか存在しない。しかし実際には、独仏間の緊張は増大する一方で、また同時に米国が連盟に加入しなかったこともあって、一九一九年の枠組を凍結させることは不可能となった。したがってもっと現実性を帯びた平和秩序を提唱する必要があり、ヴェルサイユ講和条約や国際連盟規約を越えた、あるいは両者を含んだ、より包括的な平和の概念を模索しなければならなかった。

その過程で、一九一四年以前の平和思想が想起されたのは当然である。第二章で見たように、第一次大戦前欧米において、かなり多岐にわたった平和論が発表されていた。そしてその中でも特に影響力を持っていたのが、文明や経済の進歩と平和とを結びつける、いわゆるスペンサー的概念であった。ところが現実には、文明や経済の最も発達した諸国が未曽有の戦争に巻き込まれてしまったわけであるから、たんに文化や産業の発達をもって平和の保証と見ることはできない、という反省が生ずる。それだからといって、そのような発達を止めるべきだとする者は皆無に近く、要は文明国間で二度と同じ悲劇をくり返さないためにはどうしたらいいのか、という点に帰結する。

社会主義者やマルクス主義者以外では、先進国間の戦争は決して必然的なものではない、というのが戦前の一般的見解であったが、戦後この信念は一層高められる。あるいは高められるべきだとされる。平和が一つの理想として、以前よりは遥かに中心的な意味を持たされるのである。例えばフランスの政治家ブリアン（Aristide Briand）は、「平和こそ最も重要な目標であり、その前にはいかなる特殊事情も個々の希望も犠牲にされなければならない。あらゆるものにも増して平和を守っていかなければならない」と述べたが、平和なるものがそれ以前に比べ一層道徳的な意味づけを与えられたことがわかるのである。逆にいえば、それだけ戦争を非道徳的だと罪悪視していたことになる。もちろんこの場合、世界大戦の経験や記憶が戦争観の根底にあったことは明らかである。

レマルク（Erich Maria Remarque）の有名な『西部戦線異状なし』がドイツで出版されたのは一九二九年で、直ちに英訳されたが、この小説に限らず、当時ヨーロッパ諸国で出版された小説や回想録の類いの大部分が、大戦の無意味さ、むなしさ、戦線における将官や兵士の凶暴性や無気力、あるいは若者を戦争に送って自らは堕落した生活を送る国内指導者の偽善性等を描き、戦争が「人類に対する犯罪」（サッスーン）であるとのイメージを植えつけていった。そのようなものは世界から追放しなければならない、というのが「戦争非合法化」論を支えていたことは疑う余地がない。戦争は不道徳なものであるから、これを非合法化（outlaw）しよう、という動きがブリアンその他の政治家や世論の指導者の間で高まり、一九二八年のパリ不戦条約へとつながっていく。

すでに一九二三年、米国上院ではボーラ議員（William E. Borah）が戦争を「公けの犯罪」だとし、「戦争に代わる司法的制度」を設けるべきだとする決議案を提出していたが、世界から戦争を「廃止」しようとする世論は米国を初め各国で高まる。ボーラも述べたように、世界の「啓発された世論」は戦争を非合法化することを望んでおり、戦争を生ませたりけしかけたりする者は犯罪者として処罰されるべきであった。そのような動きは、戦争を絶対悪とする見方が一般化していたことを物語っている。あらゆる国の人達が戦争を憎み、戦争仕掛人に協力しないことを誓えば、地球から戦争はなくなるであろう、という楽観主義を見ることができる。平和と「世界世論」(world public opinion)とを同一視した議論が多かったのもその一端を示している。

しかしはたして一般市民の世論は本質的に平和を志向するものであろうか。第一次大戦や講和会議は、彼等がむしろ感情的に排他的となり、無意味な殺し合いをさえしかねないことを示すものではなかったか。実際に「世界世論」などがあり得るのか。そのような疑問は当然生じるし、事実一九二〇年代には群衆や大衆の心理や個人の無意識的非合理性について多くの書物が発表されるのである。特に有名なのはリップマンの『世論』(*Public Opinion*)であったが、近代の市民は戦争や平和の問題について何等かの判断を下すことを強いられているが、実際にはほとんど予備知識を持たず、プロパガンダや偏見を通して世の中を見ている、という悲観論を提供していた。正確な情報も知識も持たぬ市民一般は、したがって国際問題を論ずる関心も資格もないのであり、戦争や平和の問題も知的エリートに委ねられなければならないであろう、とリップマンは結論した。

これは極端な見方で、はたしてエリートの方が一般市民より平和的なのかどうか疑わしいし、事実この点について知識人文化人の間で深刻な反省がされるのは後に触れる通りである。ただ、漠然と「世界の世論」に訴えるだけではなく、具体的に何等かの方法で平和を守る努力をなすべきだ、という点では多くの識者は一致していた。平和が道徳的なもので戦争が犯罪的なものであるにせよ、実際に問題となるのは如何なる平和を如何にして築くべきか、ということである。一九二〇年代にも当然のことながらいくつかの具体案が提示され、実行に移されるのであるが、本節では特に重要だった二つをとり上げてみたい。第一は平和即軍縮という方程式、第二は平和の経済的定義とも呼び得る考えである。

平和を守るためには軍備の縮小が必要だという見方は大戦前にも存在していたし、一四ヵ条宣言でも触れられていた。しかし講和会議で実際に軍縮が決められたのはドイツ及びその同盟国だけで、戦勝国側の軍備には触れられず、事実戦後も米英日等の諸国は依然海軍拡張計画を実行しようとしていた。そのような状態にあって、より安定した平和は軍縮を前提とする、という議論が盛んになったのも不思議ではない。特に米国においては、国際連盟に同国が参加しなかっただけに、軍縮運動はきわめて活潑だった。連盟の外で、しかも連盟と同じような活動をするとすれば、軍縮は適当な運動であり、平和活動における米国の指導的な地位を維持する上でも重要だと信じられた。一九二一年に組織された軍縮評議会（National Council for the Limitation of Armaments）は一つの例に過ぎないが、戦争をなくすためにはまず軍備を制限しなければならない、という思想においては、他の諸団体も一致していた。さらに重要なことには、ボーラ議員他の政治家や、最終的には米国政府自身も軍縮による平和という方策を支持したことである。

一九二〇年代の持つユニークな点の一つは、軍縮という目標が一部世論のみならず、米英仏日等大国の指導者によっても受け容れられたことであろう。ワシントン軍縮会議（一九二一—一九二二）やその後いくつかの軍縮会議には、もとより各国の思惑やバランス・オヴ・パワーへの関心がからんでいたことは確かであるが、平和への一つの道は軍縮にあるとする思想がその背景に存在していたことも明らかであろう。逆にいえば、軍備は戦争につながるものであり、軍拡が戦争の可能性を高めるのだという発想である。平和とは各国の軍備が縮小された状態を示す、という定義があったともいえる。そのような定義が一九二〇年代に特に重みを増したのは、それが経済的国際主義に裏づけられていたからであろう。世界平和は通商海運や海外投資の拡張を通じて促進され得るものだ、という観念が一九一四年以前すでに現われていたことは第二章でも触れたが、戦後はそれが急速に影響力を増していく。その根本的な理由は米国の圧倒的な経済力であったろう。

経済的国際主義はもともと米国で特に影響を持っていた。そして一九一九年以降の国際経済がアメリカの資本、技術、貿易に依存するようになると、この考えも当然一般化していくわけである。政治的には米国は国際連盟に参加しなかったため、平和についての同国の貢献し得るものは経済面においてだと考えられたのも当然であるが、それはたんに米国一国の役割に止まらず、世界に一つの経済秩序を建設することを目指していた。集団安全保障体制や国際連盟にも増して、相互依存的開放的な国際経済秩序を作り上げるのが、平和への最も確かな道だというのである。

例えば、当時飛躍的に発展した米国自動車産業を代表するフォード（Henry Ford）は、一九二九年に出版した『私の産業哲学』（*My Philosophy of Industry*）の中で、産業や農業技術の革新によってアメリカ人の生活が豊かになり、さらに同じことが他の国にも起っていることを指摘し、ソ連や中国においてすら、根本的な問題は経済的なものであるから、「米国の進歩」をモデルにすることによって豊かになり得るのだと述べ、そして「政治的な境界や思想よりは経済的な条件」が進歩を可能にし、「国際的な理解」を促進するのだと説いた。そのような動きが「平和愛好の力」となるのであり、この力を結集させれば「戦争愛好の力」を押さえることもできよう、とフォードは主張した。いささか漠然とした議論ではあるが、平和の基礎を経済の発達と相互依存性に置いた点で、当時の典型的な見方だったといえる。

フォードはそれでも「平和の力」を結集するためには軍事力も必要だと述べていたが、むしろ反対に経済発達と軍備の増強とは矛盾するものだ、とする主張の方が一九二〇年代には一般的であり、それが軍縮への運動に思想的基盤を与えていたのである。すなわち、軍備の拡張は国際緊張を高めるのみならず、各国の経済にその分だけ重荷となり、通商や産業化に費やされるべき資源を浪費することになる。特に政府の支出を増大させる結果、国家財政の合理化を妨げ、増税や赤字財政を余儀なくされる。そのような事態は通貨の価値をも下落させ、インフレ状態を招きかねない。挙句の果てには、国際貿易や投資活動も混乱してしまうであろう。

そのような見方が国際経済秩序についてある種の安定状態を想定していたのは当然であるが、それが平和につながるのだとした点で、いくつかの重要な観点を提供するものであった。まず第一に軍縮への総合的裏づけを与えたこと。第二に各国間の自由な交易や投資活動は為替の自由化を想定するから、そのような活動を可能にする経済秩序は、すなわち平和と表裏一体のものなのだとされる。第三に、国際秩序と国内秩序との間の関連性が想定され、平和とはこの両者が共に安定した状態を示すのだ、とされていたこと。

この第三の点は特に重要である。国際秩序（平和）と国内秩序（安定性）の相互依存性については、すでにウィルソン大統領が強調していたことは前述の通りである。ただ彼の場合、国内秩序の政治的な面、すなわち民主主義政治が特に強調されていたのに対し、一九二〇年代には経済面が表面に出るようになる。国際経済秩序の安定志向は、取りも直さず各国の経済がその秩序に組み入れられることを意味し、特に通貨価値の安定性を保ち、インフレを避けることによって国際経済秩序を維持するのが重要だとされたから、国内経済の一部、特に農民や労働者は低収入に甘んずるという犠牲を強いられたのも事実である。しかしマクロの視野においては、繁栄こそ平和を保障するものだという信条があり、そのためには資本主義の維持が前提だとされたから、一九二〇年代の平和は資本主義的国際主義によって定義されていたのだともいえる。実業家の平和だと呼べるかも知れない。上記したフォードの他にも、銀行家のラモント（Thomas Lamont）、ストロング（Benjamin Strong）、ドーズ（Charles Dawes）、あるいはヨーロッパ各国の中央銀行幹部が、一九二〇年代における平和への努力の一面を代弁する勢力だったのである。

二　革命的平和論の消長

しかし資本主義国や銀行家だけが一九二〇年代の平和論を展開させていたのではない。当時の世界には米欧日等の経済先進国の他に、後進国、植民地、あるいは委任統治地が多く存在しており、また一方社会主義国たるロシア（ソヴィエト連邦）も着々と地歩を固めていた。彼等の戦争・平和論が資本主義国家のものと同一ではあり得なかったのは当然であるが、しかしまた両者が完全に別個のものであったともいえない。もしもこの二つないし三つの国家群の間に、戦争や平和について何等かの合致点もなかったとしたら、国際政治は紛争を避けることができなかったであろう。しかし実際には、一九二〇年代には先進国と後進国との関係も、資本主義国と社会主義国との関係も、比較的平和的だったのである。

その最も手近な例が前述した不戦条約（一九二八）であろう。この条約には米国の他、ソ連、トルコその他国際連盟に加盟していなかった国も合わせ、世界のほとんどの独立国が署名していた。ということは、各国に共通した平和概念が存在していたことを示す。もっとも平和といっても、この条約は戦争を「非合法化」しただけであるから、望ましい平和というものがどう定義されるべきかについて、必ずしも一致した見方があったとはいえないが、少なくとも世界の諸国が政治や経済制度の相違にもかかわらず、不戦条約に署名した象徴的意義は大きい。

問題は、先進国と後進国、資本主義国と社会主義国との間の平和を、どう規定するかであった。特に一九二〇年代には、ソ連の影響の下、革命的な国際観念が影響力を増していたから、それと資本主義的国際主義とがどういう関係になるのかは、当時の一大問題であった。

革命的国際観念とは要するにレーニン主義思想の流れを汲み、反帝国主義を根幹とする戦争・平和論であるが、すでに触れたように、この場合戦争も平和も相対化され、社会主義革命の手段としての意味しか持たされない。特に一九二〇年代に入ると、コミンテルンの思想的指導の下、各国の共産党、革命主義者や反資本主義運動が反帝国主義の旗印の下に結集し、反植民地闘争を展開するのである。そのような視野でとなえた戦争や平和が、資本主義諸国の定義するものとは別個のものであったのは当然である。反帝国主義闘争や植民地解放戦争は望ましい戦いであるとされ、一方先進諸国間の経済秩序維持という形での平和には反対する。戦争を絶対悪とする視点はここには存在しない。帝国主義を弱体化させ資本主義を根絶するためには、時として平和的手段によるが、場合によっては戦争も辞さないとされる。そのような戦争は正しい戦いであるが、帝国主義国家間の戦争は資本家を肥やすだけだから反対しなければならない、というのがコミンテルンのテーゼであった。

「民族解放運動」という概念が一般化したのはこの頃からである。例えばスターリン（I. V. Stalin）は一九二四年に著述した『レーニン主義の根本概念』の中で、「被圧迫民族による解放運動」に触れ、植民地や従属国における反帝国主義闘争を支持している。先進国の労働階級もこの闘争を支えなければならない、というのがレーニンやスターリンの基本的な革命戦略であった。その意味では、資本主義や帝国主義の存在する限り安定した平和は存在し得ず、むしろ先進国間の平和は革命勢力にとって不利であるから、これには反対しなければならないということになる。

しかしながら、ソ連が不戦条約に署名したということは、マルキシズムの平和論が資本主義国家群と社会主義国家との間の平和（仮りにそれが一時的なものであるにせよ）の可能性を認めていたことを示している。その理論的根拠はどこにあったのか。

一つはレーニンの「平和共存」論であろう。この概念はすでに一九一九年頃からレーニンが使い始めており、ボルシェヴィキ政権と資本主義国家の間に共存が可能だとの見解を示していた。そこには戦術的な面も多分にあったであろうし、特に永久革命論をとるマルキシストの立場からは、不純な理論とされ得たであろう。しかしレーニンは、一方では民族解放闘争を支持しながら、他方では資本主義との共存を唱える。それは世界各地における社会主義革命は戦争の手段によらずして、政治運動やプロパガンダ等、「平和的」な手段で達成し得るものだという考えを反映している。例えば米国とソ連は戦争によらず、政治や経済の面で競争し、他国への勢力普及に努めればいいのだし、究極的には社会主義勢力が勝利を収めるであろうから、それまでは平和共存が可能なのだ、という見方である。

さらにいえるのは、米国主導型の資本主義も、ソ連影響下の社会主義も、一九二〇年代には特に国際主義的志向を強調していたということである。レーニンやスターリンによれば、資本主義の発達は国と国との障壁を取り除き、資本その他経済活動の国際化をもたらす。これはまさに資本主義的国際主義の論理と同じであり、フォード等の実業家の言わんとすることに等しい。ただ資本主義国の実業家は、そのように国際化された経済がすなわち平和の条件だとしたのに反し、マルクス主義者はこの状態は次の段階、つまり社会主義への発展のための準備期間に過ぎないとした点で異なっていた。スターリンも書いたように、「真の国際主義はプロレタリア革命に備えて各国の労働者が密接な関係を作り上げること」であり、この条件は「統一された国際経済組織」が作られた時に可能となる。このように究極のヴィジョンは相反していたが、経済的国際主義の歴史的意義を認める点で、両者は共通の視点を提供していたといえるのである。そして不戦条約に集約される平和共存も、経済の国際化の一過程の世界政治の形態として理論づけることも可能であった。

第三に、一九二〇年代にソ連の指導者がアメリカの産業制度、特にその能率性に対し持っていたあこがれにも近い気持にも触れる必要がある。スターリンの言葉でいえば、真の革命家は「ロシアの革命意識とアメリカの能率性」を兼ね備えていなければならないとされる。能率性とはつまり「あらゆる障害にも立ち向かう精神力、ビジネス的忍耐、最後までやりとげる気力」のことだ、とスターリンは述べているが、フォードも同じ言葉を使ったであろう。このように同一の価値を認めたということは、経済観念が（あるレベルにおいては）国際化したことを物語っている。そして共通の価値基準を認め合うところに平和の基盤が築かれるのだ、とするフォードの見解も、ソ連の指導者に部分的には受け容れられるのである。体制の異なる国同志の平和の維持も、そのような点で正当化し得たのであろう。

一方資本主義国家の人びとは、革命政権や反帝国主義闘争と国際平和とをどう関連づけていたのか。まだ当時には資本主義・社会主義国間の宿命的戦争論も、反対に平和共存論も系統的に展開されてはおらず、大部分の論者は何等かの形で革命政権が変化し、より平和的になることを信じていたようである。その中心的概念は経済発展論、すなわち近代化論で、社会主義政権も経済発達を必要とする以上、資本主義国から資本や技術を仰がなければならないし、その過程で両者間に平和な関係が維持されるはずだ、というのである。これは資本主義的国際主義の概念にもとづく平和論の一側面に過ぎなかったことはもちろんである。したがってレーニン主義の戦争・平和論に対し、新しい論理を展開させたものとはいえない。

比較的新味のあったのは、植民地や従属国の反帝国主義闘争に対する先進国側の反応であった。一九二〇年代の平和問題で特に重大だったのは、後進国のナショナリズムと先進国との対立を如何にして緩和するかであった。このナショナリズムはしばしば革命的反帝国主義運動となりやすいことは、メキシコや中国の例が示していた。植民地解放や帝国主義打倒を叫ぶこれら諸国の指導者ないし民衆と、先進資本主義国間との間に果して平和な関係が成り立つのかどうか、これはウィルソン大統領が民族自決原則を支持したこともあって、特にアメリカにとっては深刻なチャレンジだったのである。

ナショナリズムの嵐に対し、武力で応ずる、すなわち海外派兵を行なって局地戦争をし、先進国側の権力と権威を維持するのも一つの方法であり、日本による山東出兵（一九二七、一九二八）はその例であったが、当時の傾向としてはそのような手段によらず、何等かの経済的平和的妥協を目指そうとする動きの方が主導的だった。それが上述した経済主義的観念に裏づけされていたのはもちろんであるが、特に興味深いのは、ナショナリズムへの理解を示すことによって両者間の対立を緩和し、過激な反帝国主義運動の発展をくい止めるべきだとした論者の多かったことである。また同時に、平和的にナショナリズムと妥協した方が、資本主義体制にとっても有利なのだという判断もあった。

例えば石油権益問題をめぐって米国・メキシコ関係が緊迫した時、リップマンはラテンアメリカのナショナリズムの指導者達に対し、米国は決して彼等の敵なのではなく、むしろ彼等と協力して問題を解決したいのだということを伝えるべきだと主張した。そうでなければ、米国は武力介入する以外になく、それが戦争に発展する可能性も考えられなければならなかった。戦争を避け、しかも何等かの形でメキシコと平和関係を維持しようとすれば、まず後者のナショナリズムを認め、それが過激化しないように働きかけることが唯一の道だと考えられたのである。この考えは穏健なナショナリズムを支持育成することによって先進資本主義国家と後進国との間に平和を保つ、という政策へと結びついていく。要するに両者間の提携関係（collaboration）を作り上げ、それを軸として国際秩序の安定化を図るという方式であるが、この関係の軸となっているのが経済発達の概念であった。後進国のナショナリズム運動は多分に経済の近代化を目指す動きであり、先進国としても資本や技術を提供することによって、後進国家をも国際経済秩序の中に組み入れることができるのだ、とされる。その点ではソ連等革命政権に対する見方と異ならない。

ただ一九二〇年代の特徴は、経済的国際主義の概念が前面に打ち出され、帝国主義や植民地主義における経済面が強調された結果、包括的な平和秩序の概念が展開され得たということであろう。ナショナリズムも革命主義も、ひいては帝国主義も、国際経済秩序の中に組み込まれる結果、次第に過激性、敵対性を弱め、穏健な型へと変形する。そしてこれがすなわち世界平和を支えることになるのだ、という認識が高まるのである。

このような論議を展開させた数多くの著作の中から、一つ典型的な例を挙げる。米国の宗教家かつ評論家だったニーバー（Reinhold Niebuhr）の数々の雑誌記事は非常に示唆に富んだものであった。一九二〇年代後半以降、彼は国際問題や社会問題の論評で活躍するが、当時彼が強調したのは米国と世界全体の繁栄とは密接な関係を持っていること、そしてこの繁栄は平和の基礎となり得ることであった。特に重要なのは先進国の経済力が後進国において武力によって守られることなく、平和的な手段で、つまり実業家や技術者の手で植えつけられていく限り、そして先進国の本国においても経済力が軍事力と結びつかない限り、平和を維持するのが可能だということである。「我々は経済の時代に生きている」そして「我々の海外の地位は海軍や植民地総督によってではなく、銀行家によって維持されている」のであり、この状態が続く限り国際社会全体の利益を考え、平和を理想とする態度をつちかうことができるであろう、とニーバーは述べた。逆にもしも軍事力が増強され、武力で経済問題を解決するようになったら、米国社会の安定はもとより、世界平和もおびやかされることになろう、と予言もしている。

リップマンやニーバーの戦争・平和概念は、第一次大戦前のスペンサー的理論をさらに発展させ、後進国問題を考慮に入れたものだったということができる。ここには徹底した経済主義的立場がある。平和を国際経済秩序と同一視し、さらにナショナリズムもその中に取り入れようとした点で、この見方は将来への大きな布石となるのである。

三　知的交流

ところで、一九二〇年代には経済主義的平和思想に加えて、思想・教育・文化等の面にも平和の基盤を求めていこうとする動きが顕著であった。一つには、欧米諸国や日本の知識人が国際問題について積極的に連絡しあいながら、世界平和をより確固としたものにしようとする動きが見られたこと。これは大戦中、学問や芸術の分野にある人びとですら、排他的愛国主義のとりこになって、結果的に無意味な戦争に協力したことに対する反省に出発している。その最初の例がヨーロッパ知識人による「知的独立宣言」であろう。これは一九一九年、休戦直後に英独仏伊等の学者や芸術家が署名したもので、発起人にはロマン・ローラン（Romain Rolland）、ヘルマン・ヘッセ（Hermann Hesse）、ラッセル、クローチェ（Benedetto Croce）等の名が見られる。彼等は戦時中のヨーロッパで芸術家や知識人が国家の手先となり、文化活動や精神生活までもナショナリズムの影響でゆがめられてしまったとの認識の下に、再びそのような過ちを繰り返さぬよう、知識人の「独立」を宣言したのである。彼等は国境で分断された国家単位においてではなく、国際的な視野で相互に連帯を高め、精神の自由を鼓舞することによって、平和を築いていきたいとした。「我々は複数の国民（peoples）は認めない。我々の認めるのは普遍的な人間（the People）だけである」というこの宣言の中に、精神的国際主義への動きを見ることができる。

当時の知識人の中には、そのような国際主義は非現実的でナイーヴだとして反対したり、無視したりした者も少なくなかった。一方ではボルシェヴィズムの影響の下に、階級闘争を支持することこそインテリの義務だとする見方があり、他方ナショナリズムの炎を燃やし続けるのが各国の芸術家の役割なのだとする考えも強く残っていた。前者は例えばフランスのバルビュス（Henri Barbusse）、後者はイタリアのダヌンツィオ（Gabriele D'Annunzio）によって代表される。両方とも戦前からの思潮を汲んだもので、一方は社会主義革命が各国で成功してはじめて世界に平和はあり得るのだと唱え、他方は平和よりも戦争を讃美し、国家の存在そのものは戦争を前提とすると主張していた。

この両者に対し、文化的国際主義を平和の基盤にしようという動きは比較的新しく、またもろくもあった。しかし各国の知識人の中に、そのような平和、国際意識の連帯に根ざす世界秩序を目指す流れのあったことも否定できない。これは一九二〇年代の一特徴だったといえる。

知的交流にもとづく国際平和とは、具体的には各国の指導的知識人が、国の代表としてではなく、インテリとして横の連絡をとり、世界の諸問題を討議したり意見を交換したりすることによって、国際理解を増進し、ひいては平和に貢献しようというものである。その具体的な好例は国際連盟の中に設けられた「国際知的協力研究所」であろう。この研究所は世界各地の知的指導者の間で意見の交換をする場を提供するために作られたものであるが、「知的協力」が国際理解と平和に不可欠だという認識を反映している。

この研究所の中心的存在として活躍したのが日本の新渡戸稲造で、彼の名が知的交流や国際理解の代名詞のようになっているのもそのためである。彼の考え方は複雑ではなく、要するに平和は各国民の触れ合いを通じてこそ可能なのだ、ということであった。数ヵ年国際連盟の次長の職にあった後、一九二七年に帰国、英字『大阪毎日』に短評を連載したが、その中で新渡戸が特に主張したのは、平和は政治や経済の問題ではなく、根本的には人びとの心の問題であり、世界の大多数の人びとは平和を愛好しているから、この気持を政策に反映させるためにも、積極的な国際交流が必要だ、という点であった。「経済上の利害が諸国民を結びつけることは否定できないが、もっと他の、より精神的な面でのつながりも見逃してはならない」と彼は述べた。より精神的な面とは、宗教、教育、学術文化であり、こういった分野で各国の人びと、特に指導的知識人が交流と協調を増進するのが、平和を強固にする不可欠な条件である、と主張していた。

そのような意欲的姿勢にもかかわらず、新渡戸自身も、国際連盟の知的協力研究所も、文化交流に十分に尽し得たとはいえない。この研究所の行事の中で最も有名なのは、一九三二年、フロイド(Sigmund Freud)とアインシュタイン(Albert Einstein)の平和についての公開論争であったが、後述するようにこの論争の時機が余りにも遅きに失し、現実性を欠いてしまったのは象徴的であった。しかしいずれにせよ、戦略や経済以外の面でも各国間のつながりを増進させ、国際理解の向上に寄与しようという気運が生じたことは、一九二〇年代の重要な遺産であるといわなければならない。

上述したように、一九二〇年代の国際秩序は多分に米国の力(特に経済力)に負うところが大きかったが、当時米国においても文化的国際主義や知的交流への動きが高まっていたことは注目に値する。

一般に一九二〇年代の米国は物質的、自己中心的、排他的なものとして解釈され、文化面での国際平和への貢献は無視され勝ちである。特に一九二四年の移民法は明白に人種意識にもとづいており、北欧や西欧の移民を優先し、東欧南欧系を差別、さらにはアジア人を完全にしめ出すことを規定していたから、親米国際派の新渡戸ですら、この移民法が廃棄されるまで二度とアメリカの地を踏まないと怒った程であった。しかしまた一方、日本や中国をも対象にした学術・宗教・教育交流の活動が大きな盛り上りを見せたのも同じ一九二〇年代であったことを忘れてはならない。例えば移民としての東洋人は排斥しながら、日本や中国からの留学生は歓迎し、事実一九二九年の時点においては、全米の留学生約一万人のうち、最も多数だったのが中国の学生（三千人）で、日本の学生も二千人程いた。もちろんアジア人に限らず、ラテンアメリカからも、さらにはヨーロッパからも留学生がやってくるのであるが、当時の米国には彼等を受け入れる雰囲気があったといってよい。そしてその根底には、教育の交流が国際理解と世界の平和に寄与するのだ、という認識のあったことも確かである。

もともと米国は移民の国であり、何百万という移民がヨーロッパやアジアからやってきたのも、米国に政治的自由や、彼等を必要とする経済的条件があったからである。しかし一九二〇年代には、旧来の移民政策が変更される一方、文化面での外国人との交流が強調されるようになったのは興味深い。当時米国社会学の第一人者だったパーク（Robert Park）によれば、人種や諸国民の間の関係は決して経済的実務的なものだけではあり得ず、政治的文化的な意味を持っている。彼等が共存し得る政治的道徳的な秩序がないと、戦争によってある種の秩序を作ることになりかねない。戦争の究極的な結果は「秩序の存在しない地域に新たに秩序を作ること」なのである。しかし現代の世界においては、諸国民や諸人種間の接触が深まり、すべての人びとが多くのものを共通に経験し、多くの面で同質化する傾向にある。したがって戦争によらず、文化的な接触を通して、世界にある種の道徳的秩序ができ上りつつあるのだ、とパークは考えていた。

そのような認識が、かりに一部の識者に限られていたものだとしても、一九二〇年代における戦争・平和論への貢献を見逃すことはできない。事実、各国民の交流の拡大を通して国際理解を促進し、ひいては世界平和に寄与するという考えは、当時のアメリカでよくいわれた大衆文化（マス・カルチャー）の概念とも相通ずるものがあったのではないか。大衆音楽（ジャズ）、ラジオ、映画等に典型的に表現されていた文化生活は、アメリカ人が享楽するためだけのものではなく、国際性を持っているのだと信じられていた。例えばハリウッドで製作された映画は、一九二〇年代後半にはヨーロッパの映画館で上映されたものの八〇パーセントを占めたといわれるが、ヨーロッパのみならず、日本や中国、さらにはソ連ですら封切られるものもあり、各国の識者の中には文化生活の「アメリカニゼーション」を憂える声すら聞かれたのである。しかし同時に、文化のアメリカ化は時代の風潮であり、世界各国が米国的文化の影響で相互につながるようになったのだと指摘する者もいた。そのような視角でとらえれば、大衆文化の画一性を通して世界の平和が促進されるのだということになる。少なくとも国と国との間の境界が従来程厳格ではなくなり（パークの言葉でいえば、「シネマは現代の国際関係が政治・経済面以外に、文化面を持っている」ことを示していた）、そして国際的な文化運動を通じて各国の人びとのものの見方や深層心理すら変化していくとすれば、これが「将来の世界を形づくる」上で極めて重要な役割を果しているのだといえる。諸民族の「るつぼ」(melting pot) は最早米国だけではなく、全世界がそうなっているのだ、とパークは主張している。映画やラジオを通して各地の人びとが「共通の文化、共通の歴史体験」を持つようになっており、これが国際理解、ひいては平和にもたらす影響は測り知れないのだ、というのである。

これはあまりにも楽観的でナイーヴな見方だったかも知れない。文化交流が平和につながるのだとする希望的観測を通して、大衆文化の発達をとらえていたふしがある。しかし一九二〇年代の戦争・平和論にとって、この見方が影響力を増していったという事実は変えることができない。同じ考えは大衆文化以外の面にも表われていたのである。例えばＹＭＣＡはキリスト教を通じてアメリカの青少年に交流や社会活動の場を提供すべく、一八五〇年代に創設されたが、一九二〇年代には各国に支部ができ、相互の接触を通じて国際的なつながりを強めていく。あるいはまた実業家の慈善と親睦の団体だったロータリークラブも、一九二〇年代にその支部の数が七五八から三一七八に増え、後者のうち七二五支部は諸外国に存在していた。「実業家や技術専門家の世界的なつながりを通して、相互理解、友好、及び国際平和を育成する」のがクラブの目標だとされた。「ロータリーの原則が世界各地に行き届けば、国家間の敵対関係はなくなるであろう」と自信を持って語られたのである。

最後に、アジア・太平洋地域の平和に関連して、やはり当時設立された太平洋問題協議会（The Institute of Pacific Relations）にも触れておく。これはアメリカの学識経験者を中心とし、カナダ、イギリス、日本、中国等の国からの人も含めて、お互いの意見を交換しながら国際問題の理解を深めていこうという目的で作られたものであったが、太平洋の安定と平和は国際交流と理解を前提とする、という理念に貫かれていた。政府の機構としてではなく、民間人の組織として設立された点に意味がある。そして当初から「国際的」な視野を持つことの重要性が強調され、ＩＰＲの事業として特に教育的な活動に焦点が置かれたのも、一九二〇年代的な風潮を反映していた。各国の専門家が自由に意見を交換するのみならず、それぞれの国の大衆をも啓蒙するように努めることが、国際理解を高めることになるのだ、とされたのである。

四　反平和主義

ところで、以上見たような動きが国際平和をより堅固、永続的なものとする努力の諸面を示していたのに対し、これに批判的ないし否定的な見方が存在していたのも事実である。反平和主義とも名づくべき諸論議の大部分は一九一四年以前に存在していた戦争論を継承したものに過ぎなかったが、同じ考えでも一九二〇年代にはそれが反体制的な印象を与える場合の多かったのは、当時の主導的な思潮が平和主義に傾いていたことを物語っている。

平和の概念を国際協調、軍備縮小、経済的相互依存、文化交流等に求める流れに対し、国際関係は本質的には何等戦前と変わっておらず、国際間の対立は依然その基調を成しているとする懐疑論者も数多く存在していた。国家なる単位が厳然として存在する以上、国益の追求は根本命題であり、複数の国家が各々の利益を追求する結果、係争や戦争は避け得られないのだ、とする古典的な見解は各国で持ち続けられたが、特に戦敗国ドイツでその見方が強かったのは不思議ではない。戦敗国側から見た戦後の「平和」は、多分に戦勝国のエゴや現状維持志向を表わしていると見られたからである。

例えばドイツの政治学者シュミット（Carl Schmitt）は、「今日すでに国際関係が基本的に道徳と法の支配をうけ、諸国民の思考と感情は既に脱政治化していると想定する者があったとすれば、それは無責任な自己欺瞞である」と一九二八年に記している。「脱政治化」とはすなわち国際関係を経済や文化の面でとらえ、国と国との間の横のつながりを強調する見方であり、従来に比べて政治的な対立は二義的になった、あるいはなりつつあるという楽観論を示す。この観点に支えられた平和論が影響力を増していたからこそ、シュミットはこれに異論を唱えたのである。

彼の考えでは、国家間の関係にそれ程大きな変化が見られるとは限らない。「世界は依然として高度に政治的な状態にある」のであり、「敵味方を分類している」。つまり十七、八世紀以来の国際関係の本質——力の関係、政治的な潜在的対立——には何等変わりはなく、経済・文化・思想等の面における相互依存性や相互理解が、戦争と平和の性格を変質させたわけでもない、というのである。

ここに見られるのは、政治つまり国家の存在が依然として最も確然たる事実だという認識に他ならない。そして複数の国家が存在している以上、脱政治化はあり得ず、脱政治化を説くこと自体が政治的な行動なのだとされる。徹底的な古典的国家論であり、一九二〇年代に影響力を高めた各種の平和論への挑戦でもあった。つまり当時の平和論理は所詮戦勝国や現状維持志向の国の利益を反映するもので、現状に不満な国家にとって恩恵をもたらすものではない、というのである。

ドイツにおいてそのような反平和主義が発表されたのは不思議ではなかったが、しかし一九二〇年代にこれが支配的な思想だったとはいえない。少なくとも一九二〇年代の後半には、ワイマール共和国は戦後国際秩序の一員として国際連盟にも加入し、米英仏等の諸国との協調を基軸とした外交を展開していた。仮にシュミットに見られる国益論や国際平和についての懐疑論が一般的であったとしても、それがそのまま戦争肯定の論理へとつながるわけでもなかった。ドイツ国内の反戦感情は、前述したレマルクの『西部戦線異状なし』が圧倒的なベストセラーになったことからもうかがわれるのである。

積極的な戦争論は、むしろ古典的な国家観や国益概念を越えるものを追求しようとしていた一部の論者によってくりひろげられた。一方ではファシズムに代表される新国家論、他方ではこれと結びつきながら感性・ロマンティシズム・不合理性等を通して「近代」を超克しようとする新人間主義があった。いずれも全く新しい思想ではなかったが、一九二〇年代における戦争・平和論への影響という点で興味ある現象である。

ファシズムについては色々な定義を下すことが可能であるが、戦争と平和の思想との関連は極めて明白である。ノイマン（Sigmund Neumann）が一九四二年に出版した『永久革命』（*Permanent Revolution*）の中でも指摘しているように、近代の全体主義国家はすべて現存するものに対して否定的な立場をとる。反議会主義、反資本主義、反ユダヤ主義、反西欧文明、反合理主義、反個人主義等である。その結果国際政治においては常に戦闘的な姿勢をとるから、「常時戦争態勢」が「自然な風土」となる。

そのような姿勢が反平和的で好戦的なものであることは明らかである。平和によって代表される国際秩序、あるいは国際経済や国際交流に対して徹底的に反撥し、戦闘的な態度をとる。これはたんに戦術的なものではなく、ファシズムの本質でもある。現状打破を目指し、常に戦いを想定することこそ、全体主義の存在理由であり、平和な世界はしたがってファシズムの正当性を否定することになりかねないからである。

もとよりこれは、一九二〇年代に唯一のファシスト政権を樹立したイタリアが、世界の中で最も戦闘的攻撃的な国だったことを意味するのではない。具体的な史実としては、イタリアの外交政策は比較的穏健であり、西欧諸国と協調してヨーロッパの戦後秩序の安定化に貢献もしたのである。しかし重要なのは個々の政策ではなく、戦争・平和の概念であり、この点については、ファシスト的な見方は一九二〇年代の平和思想と対照的だったといわなければならない。根本的には、ムッソリーニ(Benito Mussolini)も述べたように、「具体的な策略としての平和は別として、恒久的な平和はその可能性も効用も認めない」。「戦争のみが国民を崇高なものとする」のである。「平和を前提としたすべての原理はファシズムと相容れず、したがって国際機関や国際連盟等もファシズムの精神に相反するものだ」と彼は『ファシズム論』の中で記している。

ここに見られるのは平和＝国際主義、戦争＝国家主義という方程式であり、一九二〇年代の平和概念が国際経済・文化のつながりを基調としていただけに、国家主権を絶対視するファシズムが平和を排斥し戦争こそ自然の状態だとしたのも不思議ではない。二十世紀は国家の世紀である、とムッソリーニは述べていたが、この場合の国家とは絶対的主権国家であり、伝統的な「夜警国家」とは本質的に異なっている。一九二九年に行なった演説の中で、彼は国家は個人の平和や繁栄を守る機関なのではなく、個人よりも前に存在し、「過去・現在・未来を貫く存在なのだ」と主張した。そのような国家観には、他国との協調や平和、特に国際交流を前提とした世界秩序などはあり得なかったのである。

ムッソリーニの国家観にはロマンティックな面もあった。個を全体の中に埋没し、その過去や未来と自己とを同一視することは、私利私欲の追求とか金銭や職場を通じた人間関係を物足りなく思う者にとって、一つの崇高な理想を提供するかのようだったからである。近代機械文明の合理主義や経済重点主義は人間の本性に反するものだとし、人間の魂をゆがめていると感ずる者にとって、個人を再び自由にし、解放するためには非経済的、非機械的存在たる国家に身を捧げることが唯一の道なのだとする。真の自由のためには国家への服従が必要だという逆説は、新個人主義ともいうべく、ロマンティックな人間像と全体主義とを結びつけていたが、この見方が戦争と平和の論理に独特の意味を与えたのは明らかである。

国のために血を流すことこそ個人の解放につながるのだ、というロマンティックな見方が一九一四年以前にも現われていたことは第二章でも触れた通りであるが、それが一九二〇年代にも一つの思潮として持続していたのは、当時の合理主義、効用重点主義的な文明が従来にも増して支配的になっていたことへの反撥を示す。アメリカの評論家クラッチ (Joseph Wood Krutch) が当時出版された『現代人気質』(*The Modern Temper*) において述べていたように、近代文明の合理化は止まることを知らず、個人の生活は大きな機械の一部にしか過ぎないかのような印象が強い。一方深層心理学の発達等によって、人間は自分達の奥底にある非合理的な何物かの存在に気がついてはいるが、この両者を結びつけることができず、不安感が高まるのみである。そのような心理状態にある人びとにとって、何かロマンティックなもの、あるいは英雄の出現を待望する気持は強い。

当時の識者の大多数は、こういった事態が戦争へつながるとは認めず、むしろ合理主義的文明がそれだけ平和の可能性を強くすることを歓迎していたといえる。そして近代人が夢とロマンスを求めているとしたら、この欲求を満たす上でも国際理解とか世界平和とかいった理想にまさるものはないと信じていたのである。ところがこれに反し一部の人達は、徹底した反平和論、戦争讃美論を唱える。平和は合理的、経済的、客観的な事態であるから、人間の精神や魂の解放のためには戦争以外にないというのである。

精神や情熱の重要性を強調し、そのような人間本来のものを取り戻すための戦争は神秘的なものであり、戦場は聖なる場所なのだ、とフランスの生物学者カントン (René Quinton) は記し、「外国のものを憎み、自らの種族を愛することは人間の義務であり歓びである」とオーストリアの論客ハイザー (Franz Haiser) は主張したが、当時としては少数意見に過ぎなかったであろう。両者に共通するのはトライバリズム (tribalism) ともいうべき排他主義、外のものを理解しようとするあらゆる努力を排斥し、敵対関係こそ人間自然の姿なのだとする世界観、そして排他的な自己、国家に埋没した個人の主観的な主張や力の誇示を最も美しい行為だとする非合理主義である。

このような戦争観が極端な国家主義と結びついて全体主義的戦争の正当化を作り出すのであるが、この動きは一九二〇年代にはまだ限られていた。それだけ合理主義や近代物質文明を肯定する勢力が強かったのだといえよう。戦争を非合理主義的立場からではなく、文明の進歩のための必要悪だとしたシュタインメッツ（Rudolph Steinmetz）ですら、戦争は次第に姿を消していると述べていた位である。彼の著作『戦争の社会学』（*Soziologie des Krieges*）は、一九二九年に出版された六百ページに及ぶ大著であるが、その中で著者は原始時代から現代に至るまでの戦争が、いかに文明の発達と密接なかかわりを持っていたかを記している。つまり政治社会の発展や技術の進歩は、集団の防衛意識や組織に裏づけられており、戦闘能力を持たない民族はほろびるばかりであると主張する。その意味では戦争は合理的な営みである。しかし近代社会が合理的になるにつれ、伝統的な戦争——殺し合い——は二次的となり、もっと別の形で国家間が競うことになろう、とシュタインメッツは述べている。根本的にはスペンサー的な見解だが、後者程平和の可能性について楽観的ではない。しかしそれにもかかわらず、一九二九年の段階で戦争が必然的ではなくなったと認めていたのは、当時の風潮を反映するものであった。逆にいえば、それだけロマンティックな戦争論は色があせていたということである。

最後に帝国主義戦争論、あるいは植民地解放闘争論に触れる必要がある。すでに見たように、戦争を帝国主義国家間の必然的な状態、あるいは反帝国主義運動の表現として正当化し得るものとする見方は、ボルシェヴィキ革命の影響の下に急速に拡まっていったが、一九二〇年代には特に後者が植民地や後進諸国のイデオロギーとして一般的になる。この場合の戦争とは民族解放運動を示すのであり、すでに当時「民族解放運動」という言葉も使われていた。この運動が、帝国主義本国におけるプロレタリア革命運動と呼応して資本主義を打破し、社会主義政権の樹立を目指すというのが、マルクス・レーニン主義の理論であったが、革命と戦争とが表裏一体を成していたわけである。

しかしながら、一九二〇年代の社会主義理論において、戦争・平和論に特別に新しい進展があったとは思われない。むしろ逆に、民族解放運動と国際秩序との関係について、思想上かなり動揺した形跡がある。一つには、すでに見たようにレーニンが平和共存論を唱え、スターリンが米国の効率主義を讃美したことからもわかるように、社会主義国家と資本主義国家の根本的対立という命題が薄れていったこと。そして国際社会と諸国家との関連性にかんして、革命理論は目新しい視野を提供し得なかったことが挙げられる。スターリンによれば、「統一された国際経済秩序の中で、諸国間の提携を促進する」のが社会主義の目標であったが、これは当時の主流的見方と大同小異であった。つまりここで強調されているのは戦争よりは平和だったということができる。植民地の解放運動が大規模な戦争へと導くことを、コミンテルンその他の革命主義者は必ずしも歓迎していなかったのである。

諸国の独立（民族自決）と相互依存的国際経済を枠組とした世界平和が、資本主義国家のみならず社会主義者の目標でもあったのであれば、両者間の平和観に大きな距たりが存在していたとはいえない。そしてアジアやラテンアメリカにおける民族解放運動や反帝国主義闘争が当時大きな動きであったのにもかかわらず、大国を巻き込む戦争とならなかったのも、根本的には国際秩序が経済的思想的に安定していたからだといえるのではないか。例えば中国における孫文の三民主義（民族主義、民主主義、民生主義）は国民党の革命外交を支えるイデオロギーであったが、これは本質的には欧米の国際秩序を脅かすものではなく、むしろ中国の主権回復や世界経済への組込みは資本主義諸国としても歓迎するところであった。一九二八年に国民党政権が成立してすぐ、諸外国がこれに承認を与え、経済・技術援助を始めたのも偶然ではなかった。中国の革命主義者（一部の共産主義者は別として）の抱く戦争・平和観は決して反体制的なものだったとはいえないのである。同じことはラテンアメリカ諸国についてもいえる。キューバ、メキシコ等では米国の圧倒的な経済的地位に反撥し、ナショナリスティックな経済政策（外人投資の規制等）を実施しようとするが、思想的には国際協調主義を掲げており、米国の資本主義や技術の導入と、民族自決の原則を基にした平和を想定していたのである。もとよりそのような理念はアメリカ人の見方と異なるものではなかった。

このように、一九二〇年代全般を通じて、世界各地で平和が一般的理念とされ、一部の思想家や政治家による戦争論を上まわる影響力を持っていたのは興味深い現象である。戦争よりは平和が通常なもので、革命すら平和を脅かすものではないとされる。当時諸国間の矛盾や階級間の対立が依然存在していたにもかかわらず、全体として闘争や戦争よりは協調、秩序、平和等の概念が一般に受容されていたのは、同じ現象がその後存在しないだけに特筆に値する。

グラムシ（Antonio Gramsci）の言葉でいえば、平和が一九二〇年代の多くの国で主導的理念（ヘゲモニー）となっていたのだということもできる。グラムシは当時イタリアの共産党員として大部分を刑務所で過すのであるが、文化と政治との関連について獄中で多くの執筆をする。そして特に知識人（言論人や官僚も含め）が特定の社会秩序を維持するために教育や文化活動を通じて大衆の思想・行動を支配するという、いわゆる「文化的ヘゲモニー」の概念を作り出したのはよく知られている。彼の場合イタリアで革命運動が成功しなかった原因を突き止めようとして、知識人と大衆との文化的支配関係に思いが至るのであるが、同じ概念は戦争と平和の論議にもあてはまるかも知れない。単純化していえば、一九二〇年代には、世界各地で支配的だった「文化」が平和の思想で、少数の例外を除いては各国の広義の「知識人」は国際秩序を維持するために平和、相互依存、協調等の観念を強調し、大衆もその影響下に置かれた、というわけである。もとよりこのような図式化は人為的なものであるが、少なくとも一九三〇年代以降と比べて、平和への志向が一般化していたこと、そしてその根底には学者、官僚、実業家、教師、ジャーナリスト等が世界各地で平和の思想を「支配的文化」とする傾向が顕著だったことがいえるであろう。

第五章　平和論の崩壊

一　一九三〇年代の特徴

前節で触れたように、もしも一九二〇年代に「支配的文化」があったとすれば、それは国際協調、国際主義、文化交流、相互依存的経済等を肯定し善とする見方、すなわち平和の思想であった。ところが一九三〇年代には全く逆に、戦争を肯定し、平和を悪とする、あるいは平和に対し懐疑的悲観的な見方が支配的となる。

それはどうしてか。もとより戦争・平和の思想を現実の出来事（満州事変に始まる日本の侵略戦争、ドイツにおけるナチスの台頭等）の反映としてとらえることは可能であり、一九三〇年代は一九二〇年代に比べて戦争が頻繁に発生したから戦争や平和についての見方も必然的に変わったのだとするのは容易である。しかし事実はもっと複雑である。一九三〇年代には史実としての具体的な戦争が発生したと同時に、概念としての戦争にも従来に比して大きな変化が見られたからである。そしてこの両者のからみ合いを調べることは、当時の文化や思想を理解する上で一つの鍵を与えてくれると思われる。平和についてもまた然りである。一九二〇年代に見られた平和の概念が、次の時期にはどのように変わっていったのか、そして文化と権力との関係についてどのような見方が主導的となっていったのか等の問題は、一九三〇年代という悲劇の時代を知るためにも避けて通れないものである。

一九三〇年代の特徴は一九二〇代的な国際思想や世界観が崩壊したことだといえる。前章で触れた一九二〇年代的な考えの一つ一つが、一九三〇年代には影響力を失い、それとは対照的な（多くの場合正反対の）思想によってとって代わられる。戦争・平和の論理はその最も好い例で、それまで一般化していた平和観、そしてその根底をなす価値基準の多くが弱体化してしまうのである。そして一九二〇年代には世界各地が一つの平和意識によって結ばれていた（少なくともつながり始めていた）のとは対照的に、一九三〇年代に入ると国際社会は政治的にも思想的にも分割されていく。各国を結びつける統一的な力が弱まっている時に、従来の意味での平和の理想はもはや存在価値を失い、代わって戦争の思想や新しい平和の概念が勢力を増す。

一九二〇年代の平和論が国際経済秩序の存在を前提としていたことはすでに述べた通りであるが、一九三〇年代にはこの考え、すなわち相互依存的国際経済こそ平和の基礎なのだとする見方は決定的な打撃を受ける。それはもとより一九二九年に始まった大恐慌や世界経済の一大混乱を反映するものではあったが、もしそれだけであったならば、経済の回復と共に国際秩序や平和も復調するであろうという楽観論が持続し得たはずである。事実そのような見方を固守する人達もいた。資本主義諸国家の銀行家や大企業の経営者の間には、そういった考えを持ち続ける者が多く、米国のフーヴァー大統領（Herbert Hoover）などは彼等の見方を政策に反映させようとした。しかし一九三〇年代には銀行家や大企業家の影響力はもはや一九二〇年代とは比べものにならぬほど低落し、したがって彼等の意見が支配的になることはなかった。

実業家の影響力の低下、そして彼等の持つ経済主義的国際論の弱体化は、とりも直さず資本主義そのものへの信頼が弱まったことを示す。一九三〇年代に入ると、欧米その他の国で資本主義批判論が活潑になり、その結果国際経済秩序にもとづく国際平和論も影をひそめてしまう。その事情を反映した好例はローマ教会のピウス十一世法王が一九三一年に公表した教書（回状）であろう。その中で法王は米国における「資本主義支配」や個人主義を正面から攻撃し、資本家による階級支配が社会（コミュニティ）のきずなを弱めてしまったと述べた。再び社会一般の繁栄と福祉をとり戻すためには、生産手段の共有化以外にないとするこの教書は、個人主義的資本主義経済から社会主義ないし国家社会主義への転移を正当化するものでもあった。

カトリック教会の中ですら、このような見解が全面的に支持されたとはいい難いが、少なくとも資本主義の危機を深刻にとらえ、大恐慌の結果世界経済の様相が一変し、決して以前の状態には戻らないであろうとする点で、ピウス十一世の教書は当時の風潮を反映していたといえる。そしてそのような見方が、従来の国際観念に一大打撃を与えたことも容易に想像できるのである。

一九二〇年代の平和概念が国際資本主義秩序を前提としていた以上、資本主義に対する攻撃はとりも直さずそのような平和の思想への攻撃となる。経済的国際主義の思想はかつてない危機におちいるのである。資本主義国家同志の経済的なつながりが政治的協調を可能にし、ひいては平和をもたらすものだという楽観論は、資本主義そのものが体制的危機に瀕している以上、もはや維持できなくなる。それまでの資本主義的国際秩序を支えていた米国で、経済的国際主義への攻撃が高まるのは象徴的であった。一九二〇年代には影の薄かった改革派（プログレッシヴ）の政治家が、一九三〇年代には再び影響力を伸張させるが、彼等のほとんどが西部や南部の出身で、東部の金融資本とは一線を画し、思想的にも反国際主義的だったのは意義深い。ジョンソン（Hiram Johnson）、ナイ（Gerald Nye）、ノリス（George Norris）等の上院議員は経済的国際主義に反対し、米国はまず何よりも国内経済の立て直しを図るべきであり、世界経済への関心は二の次にすべきだと主張した。

資本主義への懐疑ないし反感は、もとより米国に限らず、一九三〇年代にはヨーロッパ各国や日本でも見られた現象であるが、反資本主義思想が反国際主義的な風潮となっていくのも各国で共通していた。日本で経済的国際主義を代表すると目されていた銀行家の井上準之助や団琢磨の暗殺はまさに象徴的であり、「政党、財閥の腐敗」から国を守るというテロリストの思想は、当然のことながら従来の国際観念と矛盾するものであった。暗殺という極端な手段に頼らないにしても、欧米諸国においても資本主義体制への攻撃が高まり、国際主義に代わる国家主義あるいは国益（ナショナル・インタレスト）の概念が再び影響力を増していく。

もちろん一九二〇年代にナショナリズムや国益の概念が弱まったわけではなかった。しかし各国間の潜在的対立を防ぎ、極端な国益の追求が国際秩序の安定をおびやかさぬよう、国際協調の思想の普及が図られたのは上述した通りである。ところが一九三〇年代には、国際主義よりは国家主義、国益主義が優先だとされるようになる。これは経済的な事態を反映すると同時に、思想史的にも興味ある現象である。当時の戦争・平和の論議もこの思想的動向と密接な関係を持っていたのである。

国益優先主義、いわゆるナショナル・インタレストの概念が一九三〇年代に再び影響力を増したのは、それまでの楽観的理想主義的国際観の弱まりと表裏一体を成している。前章でも触れたが、一九三二年にアインシュタインとフロイドは戦争と平和の問題について公開論争をするのであるが、その中で前者は主権国家の「権力志向」は一向に弱まりを見せておらず、一般大衆やインテリも国の力の増大を歓迎しているようであるから、国際緊張はなかなか鎮静化し得ない。したがって各国が各々の主権の一部を「無条件に放棄」しない限り、平和はあり得ないのではないか、と述べた。極端なナショナリズムやナショナル・インタレストの概念が国際秩序と相反することを認識したものである。しかしまだ当時の時点においては、アインシュタインはこの傾向が全く不可避なものだとは考えておらず、各国の指導者、特に知識階級が国家間の対立の愚を認め、国際協力を促進することによって戦争の危機から人類を守ることは可能なはずだと述べた。「戦争を防ぐためのインテリの提携」こそ最も重要な仕事だとしたアインシュタインの見解は、一九二〇年代的発想法を集約したものだったといえる。

一方フロイドはさらに楽観的で、近代人は本質的に平和を志向しているのだと主張した。もちろんアインシュタインと同じく、彼も近代国家のナショナリズムや破壊力の強大化の傾向は認めており、そのために将来の戦争は敵対する一方、あるいは両陣営とも完全に破壊させてしまうであろうと予言した。しかしそれだからこそ、戦争にならないようあらゆる努力がなされるであろうし、特に近代人は文化的心理的に戦争を忌み、お互い同志を愛し合う本能（エロス）を強めてきた。したがってこれからも戦争をできるだけ不可能にするためには、この本能をさらに発展させ、「文化的発達」を促進することが必須であり、そのためにも「自由に思考し得るエリート層」の国際協力が必要だとした。アインシュタインと同じく、文化と戦争を相反する力と見なし、前者を代表する知識層の提携を強調した点で、フロイドも一九二〇年代的風潮を反映していたのである。国際協力、文化交流、合理性、愛の力による戦争本能の克服等々は、まさに二〇年代の中心的概念であった。

しかしこのような考えが公表された一九三二年には、すでに全く別の見方、対照的な概念が一般化しつつあり、国際主義に対する国家主義、知的交流に対する知的ナショナリズム（土着主義）、文化主義に対する文化否定（ないしは国家権力と結びついた新文化主義）が幅をきかせていくのである。国境を越えた人類の連帯感（フロイドのいわゆるエロス）に代わって、「憎しみ合い破壊し合う衝動」（アインシュタイン）が各国で高まっていく。少なくとも高まるかのような印象を与え、外交関係や戦争・平和論議もこれを前提として展開されていく。

このように見てくると、一九三〇年代の風潮はたんに大恐慌や全体主義の台頭といった現象面においてのみならず、国家意識、経済観念、そして根本的には人間観、倫理観の変化をともなうものであったことがわかるのである。それまでの比較的楽観的だった世界観が悲観的、シニカルなものとなり、人間関係や国家関係における力の役割が強調される。国際関係は再び第一次世界大戦以前の権力政治の時代、あるいはさらにさかのぼって十七世紀の列国対立の時代へさかのぼったかの印象を与えるのである。ニーバーが一九三四年に著わした『ある時代の終焉』（*Reflections on the End of an Era*）で述べたように、一九二〇年代的な世界、つまり合理性、調和、リベラリズムといった思潮が隆盛し、資本主義経済が国際秩序を規定した状態は、所詮一時的なものに過ぎなかったのかも知れない。彼のいう「リベラル・カルチャー」（リベラリズムに支えられた文化様式）は近代文明の到達点で、末永く歴史を支配するものと思われていたが、今やこれは一時の夢に過ぎず、すべては幻であったのではないか。そして実際の世界は遥かに醜い力や破壊本能、人間の集団暴力志向、野蛮性、悪魔性等によって左右されているのではないか。

このような自覚は一九三〇年代的なものである。ニーバーもいうように、ある時代は終った。そして次の時代、それまでに比べ遥かに醜い、破壊的な時代が始まろうとしている。こういった意識が次第に一般化していき、一九二〇年代的な世界への別れを告げることになる。そしてやがては一九二〇年代的楽観主義に対する批判ともなって、新しい概念を樹立しようとする意欲につながっていくのである。後章でも述べるように、一九二〇年代的世界像は完全に消滅するわけではなく、事実やがては部分的によみがえるのであるが、一九三〇年代には全く対照的な思潮が支配的となる。それ程当時の人びとの意識の変革は著しかったのだといえる。

二　戦争の必然性

そのような思想的傾向の下で、戦争・平和観念が大きく変化していったのも不思議ではない。戦争は国家間の対立上、あるいは各国の内情の発露として、必然なものだとされ、反対に平和は不可能ないし望ましくない状態だと見なされていく。以下多少具体的に、当時どのような戦争観、平和観があったかに触れてみたい。

上記したニーバーの本は、一九三四年の時点で近い将来に戦争は不可避だとし、「次の戦争が西洋文明にとって自殺的行為に等しい」ことはわかっていながら、それだからといって戦争を防ごうという動きは見られないと述べ、かかる状態こそ「近代文明の病理」を示すものだと断じていた。フロイドやアインシュタイン、さらにはさかのぼってスペンサーに至る近代歴史像、すなわち近代文明は戦争の可能性を少しずつ減らしていくものだという考えを逆転、排斥した悲観論である。「西洋文明は明らかに崩壊の過程にある」。したがって西欧諸国がお互いを破壊し合うのも当然であり、もはやこれを防ぐ意志も能力もないのだ、という徹底した見解は、さすがにニーバー自身も長くは維持しなかったが、一九三〇年代半ばにおける知識人の自信喪失現象を極めて的確に表わしていたといえよう。

戦争が不可避だという場合、ニーバーは具体的に二つの原因を挙げていた。一つは昔ながらの集団暴力、国家の対外支配志向等であり、これが第一次世界大戦後一時的に押えられてはいたが、所詮人間の本性や国家の排他性を変えることはできず、再び力の意志（will to power）の時代になったという認識である。第二に、資本主義経済の未曽有の危機に際会して、各国内での階級対立、及び各国間の利害の矛盾が激化し、その結果戦争の可能性が増大したというものであった。各国の支配階級は資本主義の破綻から自らを救うために極端な方法（全体主義）で権力を結集させ、対外的にも力を発展させようとする。経済危機が深刻であればある程、対外戦争などは無理なはずであるが、実際には貧困が一層海外進出に拍車をかける。外国市場を独占し、国内市場からは外国を閉め出そうとする。そのような傾向は「戦争の萌芽をはらんでいる」というのがニーバーの結論であった。

ニーバーがいう戦争とは、西洋諸国間に起るであろう戦争を予言したものであったが、当時ヨーロッパのどこにも戦争は発生しておらず、事実大規模な戦争が始まるのは一九四〇年になってである。それにもかかわらず、一九三〇年代前半に、ニーバーのような見方が一般的になっていったのは興味深い。そしてここで予言・想像された戦争というものが、従来の戦争とは規模の異なる、あるいは異質なものであろうことも、多くの論者が指摘していたのである。

一つには、ニーバーも強調したように、資本主義経済の行きづまり、破綻は明らかであり、そのため次の戦争は世界経済再編成のための死闘となろうというイメージがあった。国際市場や資源をめぐる資本主義国家同志の戦争という概念は、すでに第一次世界大戦以前の帝国主義論議の中で中心的位置を占めていたが、一九三〇年代は当時と比べものにならぬ程の経済的危機感があり、それに対応する上で国際経済が分割されつつあったため、一層の現実感を帯びていたといえる。

しかし経済的対立とはいっても、例えば英米間、あるいは英仏間の戦争を想定する者はなく、ヨーロッパは独伊、アジアでは日本等がその主役を演ずることが想像されたのである。それはこれら諸国が「新体制」のイデオロギーの下に積極的に旧来の国際秩序の打破を標榜していたからで、一九三〇年代の戦争の概念が従来と異なったのも、経済的対立という要因に加えて、政治的思想的な動きをとらえていたからに他ならない。

ドイツにおける新体制の理念は無情なまでに明快であった。現存の国際体制の中ではドイツの生存は保障されず、したがって生命権を主張するためにも国外、特に東欧に向って膨張しなければならない。さらに貿易、原料確保、投資、為替等の経済活動も従来のような国際経済の枠組の中で行なわず、自らの経済圏を設置してその中で促進することによって、国力を強化し、国内新体制（ナチズム）の存続も保証するというものであった。そのようなアウタルキーの戦略が戦争を想定していたのは明らかであり、むしろ戦争を想定した上での策略だったともいえる。

このように、たんに経済危機の副産物であるに止まらず、政治理念の表われとして国際秩序の新定義を目指すナチズムの思想ゆえに、一九三〇年代の戦争概念は従来と比べ遥かに深刻な意味を持っていた。同じことはイタリアや日本についてもいえる。イタリアのファシズムが早くから戦争肯定の立場をとっていたことは前章でも触れたが、一九三四年にムッソリーニが発表した『ファシズム論』や米国のローズヴェルト大統領（Franklin D. Roosevelt）を論じたエッセーの中で、一段と明確に戦争讃美論を唱えていた。もっとも、歴史家のミルワード（Alan S. Milward）が名著『戦争・経済・社会』

(*War, Economy, and Society*) の中で指摘しているように、ムッソリーニ政権下のイタリアは実際には戦争準備体制をとってはおらず、勇ましいかけ声とは裏腹に、大規模な戦争を敢行する戦略も経済管理体制も整っていなかった。しかし重要なのは思想的心理的にファシズムが戦争肯定の風潮を作り上げていたということである。その根本に国家観念、すなわち個人に先立って国家があり、国家の存続と発展のために尽すのが市民の最高の栄誉だとする意識のあったことは明らかである。このような見方が戦争讃美へとつながり、具体的な戦争とは別の次元で、国際秩序や世界平和へのコミットメントを弱めていくのである。

日本の場合は新体制理論における新経済秩序の概念が著しい特徴を提供している。国防国家とか国家総動員とかいう表現に見られるように、広い意味での国の生存と安全を図るためには常に臨戦状態にある必要があり、特に国内の政治改革及び対外積極策を敢行して経済的自給自足の態勢を整えるべきだとされていた。例えば一九三一年八月、満州事変前夜の段階で南次郎陸軍大臣は満蒙積極策を正当化して「満蒙の地が国防的に政治的に将亦経済的に帝国の生存発展上極めて密接な関係を有す」とし、それにもかかわらず「国際政局の変化並に我国民元気の萎縮に伴う対外の国威の退潮」が見られることは遺憾だと述べたが、要するに一九二〇年代的な国際秩序は国家の生存と国威の発揚を不可能にするものだという認識である。そしてこれに代わる国際体制、及びそれを支える国内体制を作り出すべきであり、特に諸外国への経済的依存から脱却するために、自給自足を原則とした国防国家を建設していかなければならない、というのが新体制理論であった。

ドイツやイタリアと同じく、この論理は必ずしも具体的な戦争を想定するものではなく、むしろ日本を常に臨戦状態に置くことを主眼としていた。そしてその第一歩として満州の資源獲得のために一九三一年九月、柳条湖事件を起し、国内では桜会の暗躍を通じて軍部独裁政権を樹立しようとするのである。この場合根底に存在していたのは、もはや平和をノーマルな状態とはせず、国家間の対立こそ国際関係の常時の現象であり、したがって総動員体制の有無が国の生死を分けるものだという切迫した感情であった。

要するにドイツ、イタリア、日本等の国においては、戦争準備をノーマルな状態とすることが国内新体制の課題であり、また逆に国家総動員体制なくして国内の統一もあり得ないという認識があった。国際関係と国内政治とが表裏一体をなしていたのである。その意味ではドイツのナチズム、イタリアのファシズム、日本の軍部政権等の続く限り、戦争の必然性は常に存在していたといえるのであるが、それではこれら諸国において新しい戦争の概念が従来の文化の流れとどうかかわりあっていたのか、常時臨戦体制は権力と文化の関係をどう変えていったのか等の問題が生ずる。次節ではこれらの問題に触れてみたい。

三　戦争と文化

一九三八年、コルナイ（Aurel Kolnai）は『西洋に対する戦争』（*The War against the West*）という著

書をロンドンで出版し、ナチズムが如何に西洋文明を破壊しようとしてきたかを詳述した。この段階ではまだドイツは戦争を始めてはいなかったのであるが、著者にとって現実の戦さよりももっと深刻なのは、ドイツにおいてナチスが国民の精神・文化生活をコントロールし、西欧の伝統に挑戦させているることであった。この場合の「西洋」とは、コルナイによれば、古代ギリシャ・ローマの流れを汲み、キリスト教の影響を受け、近代の「リベラルデモクラシー」によって代表される政治思想をもとにした文明体系であり、国家や宗派を越えた普遍性、国際性のある原則（自由、個人の尊厳）を標榜している。それに対しナチス・ドイツは自国を最高の存在として国際主義を排斥し、キリスト教よりは原始的な力を尊び、普遍性よりはドイツ国民の独特な伝統と特質を強調する。そのような教義や政治運動は本質的に排他的であり、したがって常に戦争の可能性をはらんでいる、と著者は説く。

ナチズムの戦争観は当時ドイツ人が好んで口にした「文化」（Kultur）の概念と密接な関係を持っていた。ドイツ語の Kultur はもともと英語の culture とは異なった響きを持っており、特にヘルダー（Johann Herder）やフィヒテ（Johann Fichte）等によってドイツ人の特有性を強調する概念とされてきたが、一九三〇年代には一般の「文化」との相違が一層明らかになる。いわゆる「文化」は近代文明の個人主義や物質主義、あるいはキリスト教や古代文明の普遍的概念を表わし、したがって力を重んずるドイツとは相容れないのだとされる。そのような意味での西洋文明は国際主義や平和につながる。しかるにドイツの Kultur は国民の力を表わし、原始的本能的戦闘的なものである。「ブルジョワ資本主義、合理主義、リベラリズム、ヒューマニズムに代わって、非合理主義や神秘主義に代表される新ロマンティシズムの時代が来たのだ」とドイツでは説かれていたが、その帰するところは反知性主義、反理性主義、したがって反国際交流主義である。そのような意味での Kultur のみが認められるようになる。

「国家の福祉は黒人、ドイツ人、中国人、フランス人、イギリス人等の間の友愛関係によって保たれるのではなく、国民の力と決意によって守られるのだ」とヒットラーは書いたが、ここに見られるのは国際理解とか平和への努力とかを軽蔑し、肉体の強靭性、非知性的な滅私精神等を善とした思想であり、そういった思想に支えられた Kultur である。この Kultur を表現し維持するのがドイツ国民(Volk)の任務であり、またそのような国民精神(Volksseele)を持った者のみがドイツ人であり得る。それ以外の者、特にユダヤ人は排除されるべきだ、というのも同じ観点に由来する。

したがって戦争は当然のことながら新しい国民「文化」の一部である。実際に他国との戦いが行なわれていない時でも、ドイツ国民が自らの「文化」に忠実であろうとすれば、戦争は不可避であるのみならず、積極的な善である。シュミットも述べたように、戦争や破壊のない組織は「政治的」ではあり得ず、したがって国家でもあり得ない。「戦争こそ Volk の精神と行動を結びつけ、人間の魂を最も崇高な水準で具現させるものである」とか、「個々の創造的な魂は戦闘精神によって一つに結ばれている」とかいった表現は当時ドイツで出版された論著のあらゆるところに見受けられるが、血を流したり破壊したりする行為こそ最も英雄的なものであり、平和を求めるのは臆病、卑劣に過ぎず、国家の市民たるに値しない、という戦闘意識が一般化していたことを物語っている。

コルナイもいうように、このような意識の意味するものは、ナチス・ドイツが実際に戦争を始める準備をしているというよりは、その政治そのものが戦争状態を前提としているということであった。皮相的には戦争を始める形跡はなくても、究極的には好戦的であり、現実に侵略戦争を始めて他国の領土を奪う可能性よりも、「実存的」な理由ですべての第三国を敵視する精神の方が恐ろしいのであった。このレベルでいえば、具体的な個々の戦争よりは一般概念としての戦争、「次の世界大戦」に備えて用意するというよりは宗教的観念ないし理念としての戦争が社会全体に恒久的に存在しているのだ、ということである。その意味でも文化と戦争とは一体不可分のものとなっていたということができる。

戦うこと自体に価値があるのであり、何のために戦うかは二の次である。戦争は必要悪なのではなく、生活そのものである。そして国のために死んだ者の追憶こそ、国家に精神的存在基盤を与えるのだ。このような見方は一方で戦争を抽象化し形而上的な概念とすると同時に、他方国家の存在そのものと結びつけることによって具体化する。要約すれば戦争こそ国家と国民の精神的結合の表現なのだということになる。したがって過去及び未来もこの視点でとらえられ、戦場で散った英雄の記憶こそ歴史の中核的意義であるとされる。ムッソリーニも「国家は過去・現在・未来についての国民の意識を支配するのだ」と述べていたが、そのような歴史観、すなわち血を流した先人の追憶の上に立てられた過去及び将来という見方は、当時のファシズムやナチズムの大きな特徴だったということができる。

日本の場合はどうだったのか。独伊と比べて戦争の新論理を展開する政治家も学者も数少なく、観念としての戦争よりは具体的な政策の対象としての戦争、ないしは国家総動員の一部としての戦争準備の概念の方が、少なくとも一九三七年までは一般的だったようである。つまり海外資源確保や自給自足経済の設立のために、満州や華北で軍事行動に出るといった、いわばクラウゼヴィッツ以来の国策論的戦争意識は強かったが、戦争を思想的にとらえる論者はまれであった。その意味では、日本の軍国主義はファシズムやナチズムと比べて思想的基盤が不明確であり、伝統的な戦略論の枠を越えた見方を提供していなかったといえるかも知れない。

数少ない例外の一人は石原莞爾であったろう。よく知られているように、彼は関東軍高級参謀として満州事変の企画に加わった重要人物であるが、同時に独特の歴史観文明観を抱いており、例えば日米両国は「東西両文明の最後的選手」として太平洋で相まみえるであろうと予言していた。西洋文明は米国に「集中完了」し、東洋文明は日本において大成するから、両者の対峙は不可避である。そしてこれは「偶然にあらずして神意なり、人類文化自然の大勢なり」と石原は唱えた。そして日米大戦争の結果「世界人類の文明は最後の統一を得て初めて人類共通の理想たる黄金世界建設の第一歩を踏むに至らん」とした。

きわめて漠然とした抽象概念である。そしてナチズムの戦争論に比べて遥かに甘い、センチメンタルなものですらある。例えばファシズムやナチズムの思想が戦争を絶対善とし、平和を排斥していたのに対し、石原は日蓮宗の教義を汲んで世界最終戦の後にくる「世界大平和」「絶対平和」の観念を受け入れていた。ドイツこそ戦闘的排他的な英雄国民だとするナチズムとは対照的に、石原は日本こそあらゆる国の文化を「熔解し化合」する能力を持ち、「世界のあらゆる文明を綜合」する任務を荷っているのであり、永遠の平和は統一された世界文明の上に成り立つのだと主張した。

いかにも日本的な論理であるが、それなりにある種の文化論を想定していたといえる。すなわち「東西文明綜合の為」戦争は不可避であり、この天職を全うし得るのは日本をおいてない。何故なら日本はもともと世界すべての文化を融合する文明を持っているからである。「最後最高の文明を創造し人類文化の黄金時代に入る」ための人類最後の戦争を日本が戦う、というのが石原流の歴史論であり、文化と戦争との有機的なつながりを前提としていたのである。

こういった見方は一九三〇年代の日本において次第に影響を持っていったようである。その好例が文部省の編纂した『国体の本義』であろう。この本は一九三七年、日中戦争の始まる直前に文部省思想局が全国諸官庁及び各学校に配布したものであるが、当時の支配的イデオロギーをよく表わしていたといえる。特に実際まだ中国と戦争に入っていない段階で、戦争や文化について語っているのは意義深い。

ファシズムやナチズムにおいてと同じく、『国体の本義』も「我が国に於ける一切の文化は国体の具現」であるとし、「国境を超越する抽象的・普遍的」な文化の概念を排除している。さらに、上記したムッソリーニの記憶即国家の観念と似て、「創造は常に回顧と一となり」、したがって「今と古とは一となり」得るのだと主張している。要するに日本の文化とは建国以来の国家の歴史そのものであり、復古の精神を通して常に国民の意識の中にあるのだということである。

ところが興味深いことに、ドイツやイタリアにおいてはそのような文化概念が排他的戦闘的イデオロギーへとつながっていくのに対し、日本の場合は伝統文化の寛容性ないし平和性すらも強調される。『国体の本義』によれば、日本人は常に「外来文化を摂取醇化」してきたのであり、「世界文化に対する過去の日本人の態度は、自主的にして而も包容的であった」。このような態度こそ、日本人がインドや中国、そして近代欧米諸国から多大の影響を受けながらも、「よく独自な創造と発展とをなし遂げた」原因である。今後とも日本は外国の文明を完全に模倣したり、あるいは機械的に排除することをせず、すべてを吸収同化することによって、「新しき日本文化を創造し、進んで世界文化の進歩に貢献」すべきである、と結んでいる。

ここに見られるように、日本の国体理念はドイツやイタリアのそれと比べて、包容性を持ち排他的ではない。少なくともそのようなイメージを当時の権力者は国民一般に植えつけようとしたかに見える。この点でも石原莞爾の歴史観と相通ずるものがある。そしてこういった文化意識のために、あからさまに戦闘精神や戦争本能を誇示することは避け、国家の平和的な志向を強調させた点でも両者は共通していた。換言すれば、ドイツにおけるように、戦いのための戦い、国の生存そのものの根幹的営みとしての戦争といった概念ではなく、日本が戦争をするとすればそれはきわめて「日本的」なものでなければならず、文化の発展のため、究極的には平和のための戦いなのだとされるのである。

例えば『国体の本義』は日本独特の「武の精神」について、神武天皇以来用いられた武力は「決して武そのもののためではなく、和のための武」であり、「我が武の精神は、殺人を目的とせずして活人を眼目している。その武は、万物を生かさんとする武であって、破壊の武ではない」と記していた。したがって戦争も「決して他を破壊し、圧倒し、征服するためのものではなく、道に則って創造の働きをなし、大和即ち平和を現ぜんがためのものでなければならぬ」とされる。

このような見方は戦争と平和との区別をあいまいにし、戦争に対しても文化的意義を与えるものであったから、実際に日中戦争が勃発した後も、この戦争を文化のための戦い、あるいは「思想戦」だとする論旨が絶えなかったのも不思議ではない。一例をあげれば、宇田尚の『対支文化工作草案』（一九三九年）は、日中戦争は「人類の正しき進歩を約束する高貴なる文化の擁護と推進と創造とを阻まんとする者を打倒」するための「聖戦」だとした。つまり伝統的な侵略戦争でも、ナチズムのいう戦争のための戦争でもなく、新しい文化の創造のための戦争なのだ、ということになる。

中国大陸で侵略をくり返し、数十万、数百万の中国人に損害と苦痛を与えておきながら、これは文化のための聖戦なのだと主張するのは身勝手な議論であるが、しかしこのような見方はプロパガンダとしてだけではなく、それ以上の意味を持っていたと思われる。戦争の概念そのものが変化していたといえるのではないか。平和に対比するもの、あるいは国策遂行の手段としての戦争というだけではなく、国家の歴史の文化的特性の発露として、そしてさらには将来より崇高な文明を世界に築くための過程としての戦争という概念である。このような広義の、あるいは漠然とした戦争観の出現は、逆にいえば文化の概念が不明白になっていたことと無関係ではなかったろう。当時欧米においても日本においても、近代文明の行きづまりが認識され、文化の国際性についても疑問が生じていた。そのような時にあって、戦争と文化の関連について、従来見られなかったような議論が一般的になっていったのも偶然ではなかったのである。

四 平和思想の挫折

それでは、このような動向は一九三〇年代の平和観にどう影響していったであろうか。独伊日三国における平和論は、戦争概念の裏返しとして説明され得るから、本節では英米を中心とした動向を調べてみよう。

欧米諸国が経済的のみならず政治的文化的にも深刻な事態に直面しているという認識は、従来の平和思想にも大きな衝撃を与えずにはおかなかった。近代合理主義、国際主義、経済発展等の産物として平和が存在し得るのであれば、あるいはまた民主主義社会こそ平和を推進する力なのだとすれば、このような流れが弱くなり、反対の流れに押されそうになったかに見えた一九三〇年代に、平和の将来はどうなのか、そして望ましい平和とは一体どのようなものなのかについて、深刻な論議が展開されたのも当然であった。それは単に独伊日等の具体的な政策や戦略に対する対応についてのみならず、より根源的に国際関係のあり得べき姿や、国際秩序と国内体制との関連についての論争へと発展していく。

自由、民主主義、経済発達といった近代概念を依然信奉する者（西欧やアメリカにおいては依然大多数の者がこれに含まれていたであろう）にとって、平和の問題は切実であった。上述したニーバーの著作にもあったように、近い将来にまた大戦争が勃発するであろうことは当然予期し得たからである。その場合、如何にして平和を守るのか、西洋の文明を維持し、その基本的価値体系を破壊から防ぐにはどうすればいいのか、はたしてそれが可能なのかどうか、西洋文明を守るためには欧米諸国も文化の性格を従来と比べあいまいにする必要があるのではないか等々、多くの問題が生ずるのである。

近代西洋の根本概念、特に自由、寛容、人権等はもともと平和を志向しており、実際平和の世界においてこそ推進され得るものだ、という見方は十九世紀以来一般化していたが、一九二〇年代にはこれが政治的思想的な国際主義とつながって、力強い平和の理論を形成していたことはすでに見た通りである。逆に言えば、戦争はこのような原理を踏みにじり、その維持を難しくするものだ、ということになる。しかしもしも近代の価値体系と戦争とが相容れないものだとしたら、一九三〇年代のように独伊日等が臨戦体制を整え、世界戦争の危機が高まっている場合にはどうすればいいのか。たとえていえば、民主主義や自由主義は従来の形で存続し得るのかどうか。平和がこれら諸原理の絶対的必須条件だとすれば、どのようにして平和を維持すべきなのか。

すでに一九三三年頃から、欧米の言論界はこのような問題を深刻に受けとめていた。それだけ戦争の危機の衝撃は大きかったということであろう。例えばイギリスのある女流作家は、ドイツが体力や戦闘精神を備えた「英雄」の国であるに対し、西欧や米国は「知的道徳的英雄」を讃美する文化だと述べたが、同時にその結果いざ両者が戦うとなると肉体力にたけた前者の方が勝利を収めるであろう、という悲観的な見方をしていた。近代文明の知性や道徳は平和を志向し、戦争や兵士をさげすんできたからである。別の著者（アメリカの女性医学者）も、西洋文明は多様性、批判能力、学問、言論の自由等を尊んできたから、「かつてのスパルタ人のように」武勇に秀で、無批判的に上官の命令通りに戦うドイツ人の兵士の前には、きわめてもろいものだと記していた。

この観点からすれば、西洋文明を救い、その価値を破壊から守るためには、スパルタ人やドイツ人のような、蛮勇性をかね備えた市民を作り、野蛮な力に対しては力で対決する以外にない、ということになる。これが一つの考えられ得る結論であったが、そのような見方が一般的になるのは一九三〇年代末になってであった。それ以前は西欧における対応はもっと苦悩に満ちたものだったといってよい。例えば一九三六年、イギリスの小説家ハックスレー（Aldous Huxley）はレナード・ウルフ（Leonard Woolf）に手紙を送って、「民主主義を守るために武力を使うのは、民主主義を破壊するにも等しい」と述べていた。ハックスレーによれば、軍事力を増強して戦争に備えるためには、国家は権力を集中させて独裁政権を築く必要があり、そのようなことになれば戦争になる以前に民主主義は死んでしまうであろう。「平和を維持するために戦争に備える」という昔からの概念は、軍事技術が急速に発達している現代には通じないのであり、ましてや自由とか民主政治とかを尊ぶ者にとって、ドイツの真似をして軍事的に強くなろうとするのは自殺行為である、と彼は断言していた。

後年ハックスレーは対独戦を支持するようにはなるのであるが、しかし民主主義と戦争との関係についての深刻な危機感はずっと持ち続けるし、一九三〇年代の中葉には彼と同じ危惧の念を抱いていた人びとは少なくなかった。ここに見られるのは、戦争は悪であり、西洋文明の最も貴重で誇り得る伝統とは相容れぬものだという信念である。したがって、かりにナチス・ドイツやファシスト・イタリアの野蛮や暴力から自らを守るためとはいえ、「悪をもって悪に打ち勝つことはできない」のだとされる。

問題は、それならば平和と文明を維持するためには他にどのような方法があるのか、ということである。ハックスレーのいうように、西欧民主主義＝平和を標榜する国家と、独伊等の国家との間に根本的な和解はあり得ず、しかも両者間の戦争は絶対に避けなければならないのだとすれば、双方が何等かの形で会議を開き、交渉によって平和を維持するようにするしかないであろう。そのような平和は、一九二〇年代に描かれていたような積極的な国際秩序の構築ではなく、体制や哲学の異なる国の間の戦争を回避するという、消極的な意味しか持たない。しかしそれでもこれは戦争よりは好ましい状態である。何故ならば戦争は、かりにそれが全体主義国家に対する勝利をもたらしたにしても、同時に民主主義国家を全体主義化してしまうからなのだ、というのが当時の消極的平和論を支えていた。ファシズムやナチズムの台頭が戦争のイメージを変えたように、平和が意味するものも微妙な変化を遂げ始めたということができる。

しかしそのような平和は国際政治の危局を一時的に鎮静化するだけで、もとより根本的解決策を提供してはくれない。ある意味ではきわめて悲観的な平和論だったともいえる。それだけに、さらに一歩を進めてより堅固な平和を築き得ないものかどうか、一九三〇年代のように経済的にも思想的にも混乱し、世界が分割化してしまった時代に、再び積極的な平和を定義し探求することはできないのか。当然のことながら多くの識者はこういった問題に関心を寄せるのである。そして究極的には、欧米の論者の多数は、力による対決、ひいては対独伊日等との戦争による勝利以外に、平和を再建する道はないと信ずるようになるのであるが、それがすべてだったわけではない。特に一九三〇年代半ばには、戦争による平和の再建といった方式以外に、二つの考え方が影響力を増していったといえる。両者とも全く新しい概念ではなく、むしろ一九二〇年代の流れを汲んでいたが、一九三〇年代の危機の中で、少し形を変えて再登場するのである。

一つは経済的国際主義を通して平和を築くという、一九二〇年代に特に顕著だった考えであった。一九二九年以降、世界経済が分裂化の傾向を強めれば強めるほど、もう一度国際主義、相互依存主義の原則に戻るべきだとする。一九三〇年代の現状においては、この原則はドイツや日本も合わせ、すべての国の間に交易や投資関係を増進させて、原料や市場を平等に提供させるようなメカニズムを作る、ということである。

経済交流が平和への道だとするそれまでの理論に対して、一九三〇年代にはアウタルキー、経済ブロック、あるいは経済ナショナリズムの風当りが強く、西欧やアメリカにおいても、海外貿易や投資は平和に直結する代わりに、むしろ国家間の摩擦を高めかねないという見方が現われていた。しかしまたそれだからこそ、もう一度経済的国際主義の原則に戻るべきだという動きもあるわけで、これは一九三〇年代後半のアメリカにおいて特に顕著であった。

ただ一九二〇年代と対照的なのは、「資源の確保」という点が強調されたことであろう。ドイツや日本が「持たざる国」なる概念を使ってブロック化を正当化しようとしていたので、欧米民主主義諸国としても、「持たざる国」にも「持てる国」と同様十分な資源が供給されるよう、考慮する必要があった。一九三七年に国際連盟が原料問題研究委員会を設置し、すべての国が必要とする原料を確保できるようにするにはどうしたらよいかを討議したのは、このような関心の表われだったといえる。この問題の解決なくして国際緊張の緩和はあり得ず、また独伊日等に対し資源の提供を保証することが、これら諸国の「経済新秩序」政策を放棄させる唯一の道だとされたのである。

要するに経済的国際主義こそ平和を保障するのだ、という従来の見方を踏襲したものであったが、一九三〇年代にはこの考えがいわゆる「宥和政策」(appeasement) の理論的根拠を提供することになる。この政策を詳細に記述するのは本書の目的ではないが、外交思想上、国際経済と平和についての一つの見方が依然存在していたことの好例であることに注目したい。ところが現実には宥和政策は失敗に終り、上述した国際連盟の特別委員会も独伊がボイコットしたので、結局はこの見方は当時の国際危局に対する効果的な対応策とは見なされなくなってしまう。しかし後述するように、経済的国際主義はその後も流れ続け、第二次大戦後の平和の構造を支える一つの原則となるのである。

第二の動きは国内の政治改革を通じて国際平和を守るという、ウィルソン以来の考えが、一九三〇年代に再浮上し、反ファシズム連合、いわゆる人民戦線 (Popular Front) となって具体化したことである。第二次世界大戦前夜史においては、人民戦線の設立は一九三五年、コミンテルン第八次大会の決定にもとづいた、画期的な動きで、少なくとも一九三九年の独ソ不可侵条約締結に至るまで、国際政局で重要な役割を果すのであるが、本書ではその背景にある思潮に焦点をあててみたい。コミンテルンや各国の共産党のみならず、戦争と平和の問題を憂うる多くの識者が、反ファシスト連合の考えに魅力を感じていたからである。

基本的には反ファシズムの概念は、国内改革こそ世界平和の必須条件だとするウィルソン主義の流れを汲んでいたということができる。ナチズムやファシズムがあからさまに戦争讃美をしていたから、平和を維持するためには各国における親ファシスト勢力を抑圧し、反ファシストの民主・進歩勢力を結集し強固なものとしなければならない、とされたのも当然であった。

一九三〇年代半ばになると、この点がさらに突き進められて、反ファシスト勢力の下に結集した国々は連帯して国際反ファシスト連合を結成すべきだ、という声が拡がっていく。ウィルソンの国際民主主義連合と似た発想法であるが、ウィルソンの唱道した民主主義に比べて、一九三〇年代の反ファシズムは共産主義や社会主義を含めた幅広いものとなる。西欧リベラリズムや議会制民主主義と共に、一党独裁制を唱える共産主義をも打って一丸として、ファシズムやナチズムと拮抗することが、戦争を避け平和を守ることになるのだとされる。このような人民戦線の考えが欧米でも一部論者に受け容れられたのは、伝統的資本主義、民主主義、リベラリズム等が当時は大恐慌の衝撃で説得力を弱めていたからでもある。「今日リベラルとかデモクラットとか呼ばれる人達の間には、まるでそう呼ばれるのが恥であるかのように、小さくなっている者が多い」と、あるアメリカ人は記していたが、そのような状態にあって、ソ連の社会主義制度から学ぶことも多く、「新しい国際主義」を樹立するとしたら、ソ連の参加なしには考えられない、と経済学者のソール（George Soule）も主張した。「今一番戦争をする可能性のない国はソ連だ」という彼の意見は、社会主義は平和の維持のために主導権を握り得るのだ、という見解を示していた。

いずれにせよ、まず国内の改革、そして改革された国々の連帯、これこそナチズムやファシズムに対抗する最も有効な手段だ、という考えは、国際秩序と国内秩序の相関性を再確認したものであった。資本主義諸国においては当時計画経済や財政投資等、従来の枠を越えた政策が押し進められていたから、この場合の「改革」には多分に革新的な意味も含まれていたのは明らかである。そしてこの点については欧米民主主義国家とソ連との間に共通する面もあるとされ、したがってこれら諸国がさらに国内改革を進め、同時に他の国々においても改革運動が進められるようにすれば、戦わずしてファシスト勢力を破ることができるであろう、という期待感があった。

しかしこの期待もまたたくまに裏切られてしまう。国内の改革と国際的反ファシズムの連合という概念は、一九三〇年代の中期には一部のインテリ層にアピールし、宥和主義も対ファシズム戦争も支持しなかった者にとって、第三の道を示すものとして、人民戦線の考えは各地に浸透していくのであるが、その割には効果が薄く、戦争の危機が遠のいたとは決していえなかった。特にスペインの内戦はこの概念を実行に移す好機であったにもかかわらず、フランコ（Francisco Franco）の率いるファシスト党の勝利に終り、スペインは独伊両国と密接な関係に入ってしまう。内戦に参加したオーウェル(George Orwell)が自らの体験を記述した『カタロニア賛歌』(*Homage to Catalonia*)は、反ファシズム運動の挫折を劇的に描写しているが、オーウェルが特に痛感したのは、反ファシスト側の内紛、そして反ファシスト国家間の協力関係の欠如であった。抽象的には人民戦線の方式は魅力的でも、現実にはファシズムや戦争の脅威に対しては非力だ、ということである。

しかしそれにもかかわらず、上述した経済的国際主義と同様、改革主義的平和論は第二次大戦後再び影響力を持つようになるのであり、一九三〇年代に部分的であるにせよこの見方が受け入れられたのは意義深い。特に社会主義や共産主義は平和につながるものだという概念を一般化させたことは、従来の戦争・平和論議に新しい幅を持たせるものだったといえよう。

このような各種の動きは、一九三〇年代に平和の概念が大きく動揺したことを物語っているが、それだけ一九二〇年代と比べ普遍的ないし支配的イデオロギーとしての平和が影を薄くしたということであろう。平和の定義に従来よりも一層の柔軟性を持たせ、独伊日等の戦争観・戦闘意識に対応させようとしたが、安定した平和は遠のく一方であった。そしてやがて、そのような状態にあって平和を追求すること自体に意味があるのかどうか、疑問の念が次第に高まっていくのである。民主主義を守るためにも、あるいは国際政治の安定のためにも戦争は避けるべきだとし、あるいは国際経済の再建や国内政治改革を通して平和を強固にすべきだという見方と並行して、あるいは次第にそれに代わって、ファシスト国家との根本的対立のある以上平和は存在し得ず、この際一番重要なのはナチズムやファシズムを破壊することであり、その過程で戦争になってもやむを得ないという考えが強くなる。そのような考えを抱く者は一九三〇年代前半にも一部にはおり、特にドイツやイタリアを逃れてアメリカやイギリスに亡命した知識人は、早くから対独伊対決論を展開していた。特に彼等の中でヨーロッパ的権力政治の概念を思想的枠組としていた人達は、国際政治における力の根本的重要性を説いてまわったのである。そしてやがては力の論理、戦争も止むなしとする見方が、平和の維持を基本原則とする考えに対し優位に立つ。大戦前夜のことである。

第六章　権力構造への回帰

一　力の対決

一九三九年に始まったヨーロッパにおける第二次世界大戦、及び一九四一年に勃発した太平洋戦争の外交上の原因や戦略上の展開を描写することは本書の目的ではない。しかし戦争がたんに戦場での殺し合いや都市の破壊をもたらすのみならず、人間の感性や思考とも密接な関係を持っているものである以上、第二次大戦の思想的背景を調べることは意義がある。特にこの戦争がそれまでの戦争・平和の概念をどう変えていったのか、そして戦後の世界にどのような論理を伝えたのかは、興味ある課題である。

前章末尾で触れたように、すでに一九三九年九月、ヨーロッパ大戦が始まる前に、欧米民主主義諸国では戦争の必然性について、ある程度の知的心理的準備ができていたのではないか。一九三四年にニーバーが「戦争が必然的であることはわかっていながら、誰もこれに対しなすすべを知らない」といった旨のことを書いたことは上記したが、五年後には、そのような不信感や疑念はかなり弱まっていたといえる。そして民主主義陣営は軍事力に訴えてでも、ナチス・ドイツや軍国主義的日本の勢力に対抗しなければならない、とする見方がこれにとって代わっていく。

これは根本的には力の容認、すなわち戦争の肯定に他ならない。その背景には多くの要因があったが、思想的には三つの重要な要素があった。まず第一に、一九三一年から一九三九年頃までに存在した「平和」は意味のないものだとする、平和への批判である。英米仏さらにはソ連等諸国は、なるほど表立ってドイツや日本と戦うことはなかったが、そのような「平和」は日独の軍国主義体制や海外伸張策を容認しただけで、戦争の危機は決して遠のいていない、むしろファシスト陣営の軍事力、経済力は強まる一方である。このような結果をもたらした平和の概念そのものが間違っていたのだ、という議論である。全体主義国家や戦闘的国家との間に安定した平和などはあり得ず、そのような「平和」は価値のないものだ、とされる。

この点をさらに発展させて、一九三〇年代のみならず一九一九年以降の国際秩序そのものに対し、否定的な見方を発表したのがカー（E. H. Carr）の名著『危機の二十年』（*Twenty Years' Crisis*）である。この本は一九三九年七月、すなわちヨーロッパ戦争の勃発する二カ月前に書き終えられたものであるが、その中で著者は丁度パリ講和会議から二十年たった段階で、戦後の「平和」がいかにもろいものであったかを示そうとする。ただ大恐慌とかナチスの台頭とかの現象のみではなく、講和以来の平和の観念そのものに根本的な欠陥があったとする点でユニークである。すなわち、ウィルソン外交によって代表された戦後思想は、古典的理想主義（ユートピアニズム）の流れを汲んだものであり、また世界貿易や投資活動は無限に伸張させ得るものだという自由主義概念や、民主主義や世論の力は世界各地に拡まりつつあるという楽観論によって支えられていた。

カーにいわせれば、そのような平和論は歴史の現実を見きわめない、そしてスローガンと実際の国際関係を混同した抽象概念に過ぎず、すべての国がアメリカにならって「平和」を唱えていれば、彼等の間に存在する利害の対立や根本的矛盾も消えて、世界は平和になるだろうというナイーヴな態度を反映していた。また同時に、力の強い国が自らの優位を保つために現状維持を支持し、それがすなわち「平和」なのだとして弱小国家に押しつけることもあり得る。このレベルでは、平和は抽象概念ではなく力関係の反映であり、相対的な観念に他ならない。いずれの場合も、ウィルソン的、あるいは一九二〇年代的な平和論は現実性を欠き、その枠組から欧米の論者が出られないでいるうちに、国際政治の現状は刻々と変化し、戦争の可能性が高まってしまった、とカーは述べた。

『危機の二十年』が戦争・平和の論議に貢献した点は多いが、特に重要なのはそれが力の概念を再び中心にすえた国際政治論だったということであろう。もっとも力といっても軍事力のみならず、経済力や道徳の力も含めた、彼のいう「政治力」であるが、それまでの欧米の論者が経済や文化の面から平和を論じていたのに対し、カーは力が不可分であること、そして究極的には国家間の関係は政治的なものだとし、政治（ポリティックス）の復元を唱えたのである。

民主主義国家であろうと、政治的な集団であることに変わりはなく、したがって自らの存在のためにも、他の民主主義国の安全のためにも、政治の力に訴えるのは当然だという見方は、そのような観点に立てばごく自然に出てくる。これが当時現われた思想の第二の面である。力は悪である、あるいは力を強調することは全体主義国家を見習うことだ、というそれまで支配的だった見方に代わって、力そのものは善でも悪でもなく、政治的集合体の根源的要素であり、これを無視して戦争も平和も語ることはできない、というのである。軍事力にしても、その存在自体が戦争や平和を規定するというよりは、それがいかに使われるのか、何のために強化されるのか、その強化が国際政治や経済の現状をどう変えていくのか、といった問題を提起することこそ意味があるのだとされる。

第三に、この考えと並行して、欧米諸国において民主主義への信条が一九三〇年代末期には再び高まっていたことが挙げられる。それ以前には、民主主義やリベラリズムの危機が高唱され、ナチスの台頭に対しても手をこまねくしかないとする悲観論や、軍事力の増強は民主主義を一層弱体化し、全体主義化してしまうであろうという懸念が強かった。しかし一九三七、八年以降になると、米英仏等の諸国では自分達の民主政治が、イタリアやドイツ、あるいはソ連の例にならって全体主義化せず、経済的にもある程度立ち直りを見せてきたという自信、つまり左右の極端な政治制度を避けつつ、内面的改革をほどこすことによって民主主義や自由の伝統を守ることができたのだという自負心が漸く高まりを見せていく。民主主義は守る価値のある政治形態であり、これを守るためには力の行使、すなわち戦争すらもためらうべきではない。そのような態度が明確になろうとしていた時に、独ソ不可侵条約の締結及び両国によるポーランド占領によって、第二次世界大戦が始まる。一九三〇年代中葉、あるいは一九三八年のミュンヘン会議当時と違って、一九三九年秋には、平和はあらゆる犠牲を払ってまでも維持すべき絶対善ではなく、政治的な現象なのであり、民主主義の存続のためには、平和に徹することはむしろ戦争よりも悪である、という考えが影響力を増していた。戦争・平和論はまた新たな段階に入っていたのである。

イギリスの著者エンジェルについてはすでに第二章でも触れたが、彼はもともとスペンサー的平和論の信者であり、第一次大戦後も再びこの見方を推進していた。ところが一九三九年、第二次大戦勃発直後に『何のための戦争か』(*For What Do We Fight?*)という本を出版し、今次の戦争は近代の啓蒙文明とナチスの反革命との戦いであり、これに敗れることは人権や民主主義といった貴重な遺産を失うことだ、と述べた。戦争が「恐るべきほど苦痛な」ものであるのは明らかだが、戦わずして反革命の軍門に下ることは、近代人の価値観念を放棄するに等しい。今や「我々の生存権を暴力から守るために」軍事力を行使しなければならないのだ、と彼は指摘した。

これが単に戦時英国における知識人の戦争協力の一例に止まらず、民主主義と平和について変わりつつあった当時の風潮をも反映していたことは、まだ非戦国だったアメリカの言論を見ればよくわかる。例えばニーバーは一九四〇年に出版された『キリスト教と権力政治』(*Christianity and Power Politics*)において、彼のそれまでの懐疑論や西洋文明批判とは対照的な、積極的対独参戦論を唱えた。エンジェルと同じく、ニーバーも民主主義や近代西欧の価値体系の存続のために、戦争を選ばなければならない時が来たと説き、ドイツのような専制国家がのさばっている時に何もしないというのは、平和と専制主義とを混同するものであり、そのような平和よりは戦争を選ぶのが道徳的（キリスト教的ですらある）道なのだと主張した。「いわゆる民主主義国家に多少道徳的に欠けている点があっても、それと近代専制国家の野蛮行為との間に根本的相違がないとするのは、道徳的邪道である」とニーバーはきめつけていた。この神学者の、カー的な現実主義への改宗を示すものであった。

当時まだ米国は表面上は中立を守っていたが、やがてはドイツあるいは日本と戦う時がくるであろうし、むしろ積極的に準備を整えて参戦すべきである、といった見解が次第に強くなる。そしてこの戦争論を思想的に支えていたのがニーバー的論理だったといえる。例えば『ニューリパブリック』（*The New Republic*）は一九四一年七月末の号の社説で、「防衛の最善の道が攻撃であることは、今も昔も変わらない。戦闘的になり得ないような民主主義国は、存在する理由もないのだということを、近来世界各地の人びとが悟るようになった」と述べ、「現在米国が必要とするのは、すみやかにかつ力強く、そして相手の予期していない時に攻撃をしかける能力である」と主張していた。奇襲攻撃を提唱しているかに見えるが、のちに同じ雑誌はもちろん日本による真珠湾奇襲は不道徳的だとして非難するのである。しかしこういった議論が一部にせよ出てきたことは、アメリカの中で戦争を肯定する態度が拡まっていたのを示すものである。戦う民主主義こそ存在する価値があり、全体主義の台頭に際して平和に徹しようとするのは民主主義を放棄するにも等しい、という論理である。ニーバー的な戦争肯定論と同種のものであった。

ヒットラーや日本軍国主義者がのさばっている限り、真の平和はあり得ず、したがってより安定した世界平和を念願する者はまず戦争を通して独日両国を敗らなければならない。民主主義の「道徳的一貫性」を守るためにもアメリカは対独日宣戦をなすべきだ、と『ニューリパブリック』は同年八月に主張している。ウィルソン時代の「民主主義を守るための戦争」という概念を想起させるが、一九四一年の時点では「民主主義」の内容が第一次大戦当時に比べて遥かに広義に、逆に言えばあいまいになっていたことに注目すべきである。エンジェルやニーバーは、依然古典的なリベラリズムの伝統を重視していたが、『ニューリパブリック』によって代表される思潮は米英の議会制民主主義のみならず、ソ連の社会主義、被占領地域のレジスタンスや亡命政権、中国の国民党、あるいはアジアや中近東の植民地解放運動も含め、ドイツや日本に抵抗するあらゆる国を連帯させた「国際的民主連合」を想定していた。特に一九四一年六月、ドイツが対ソ戦を始めてからは、米英ソ三国間の思想的つながりが強調され、この三国が協力して全体主義国家との「思想戦」に勝つべきだといわれるようになる。

このようになると、重要なのは民主主義の原則そのものよりも、欧米諸国の防衛であり、そのためには多少政治制度が異なる国との協調もためらうべきではない、とする政略的戦争論が目立っていくのも不思議ではなかった。「思想戦」(歴史家ラーナー〔Max Lerner〕が当時使っていた表現)とはいいながら、実際に強調されるのは米英ソ中等の軍事力を結集して独伊日に当ることであり、この次元において想起された戦争はクラウゼヴィッツ以来のものに他ならない。

このような戦略的戦争論が再び影響力を増してきた背景には、ヨーロッパやアジアにおける戦争の成り行きについての多大の関心とともに、カーやニーバーによって代表される現実主義思想が次第に浸透していた事実がある。逆にいえばウィルソン主義、あるいはウィルソンが象徴した理想主義が結局世界に平和をもたらすことにはならなかった、という認識があり、国力の増強と戦争の決意こそ、より根本的な必須条件なのだという見方を示す。この転換の過程で、ドイツやイタリアを追われて英米諸国に移住した学者、例えばモーゲンソー（Hans Morgenthau）やアドルノ（Theodor Adorno）等の政治学者の果した役割も見逃すことはできない。彼等は英米流の理想主義に批判的であり、国際政治とは所詮政治、すなわち力関係や利害関係の支配する舞台なのだという視野を提供して、軍事力の行使や権力政治に対してリベラル派の論者の持つ偏見やためらいを克服させようと努めるのである。

いわゆる「移住学者」は、第一次大戦後の「平和」が皮相的幻想的なものに過ぎなかったことをくり返し主張するのであるが、アメリカやイギリスにおいても、かつてこの「平和」を推進した人達が今や全く否定的な見方をするようになる。例えば一九二〇年代に軍縮協定やパリ不戦条約を支持したリップマンは、一九四〇年頃は事あるごとにそういった「念仏」的平和論を非難し、文明や民主主義は「ソフト」な態度で守ることは不可能であり、断固たる「ハード」な方法のみが唯一の道なのだと説いていた。

この段階においては、独伊日側も、米英等の側も、一致した見解を持っていたのである。両者とも一九二〇年代的な国際秩序観を排除し、再び昔ながらの権力構造論、戦略主義を強調する。そして第二次大戦も一九二〇年代の平和の非現実性の中に、すでに芽生えていたのだとする。ファシズムはもとより力の肯定の上に成り立っていたが、民主主義も力強くなければならないとする点で、現実主義的戦争論は本質的に全体主義の戦争意識と異なるものではなかった。

二　第二次大戦の思想的基盤

同時にまた、それだからこそ自分の側の戦争・戦闘行為は相手側のとは違うのだということを信ずる必要性も生ずる。両者間に根本的な差異がなく、殺し合いや爆撃は誰が誰に対して行なっても同質のものだということになれば、レマルクの小説にあったように、何のための戦争かという疑惑、あるいはただ機械的に戦うにすぎないという無関心、無気力が生じてしまう。戦争の目的のみならず、戦闘の仕方についても敵味方のあいだには明確な違いがあるということを信ずるのは、戦争推進上きわめて重要である。いかに戦うか、何のための戦争なのかについて、各国の政府や言論界が必死に国民に訴えたのもそのためである。本書でこれを詳細に取り上げることはできないが、特に戦争・平和論に関連して意味深いいくつかの例に触れてみたい。

太平洋戦争勃発の少し前、『アメリカよタフになれ』(*Toughen Up, America!*) という本が出版された。著者は医学者で専門的な著書も数冊発表していたが、ドイツに比較してアメリカの臨戦体制が遅れているのに業を煮やして、警告の書を出したわけである。その中で彼は「自発的団体組織」を米国内に編成し、市民の健康管理はもとより、思想傾向や兵役能力もチェックして、いざという場合に備えるべきだと主張した。ところがこの本が出版されるやたちまち、これは「ナチの制度」を米国にも持ち込もうとするものだ、と非難されてしまう。

同じ頃イギリスでは、小説家のオーウェルが「この戦争は反動政治家がファシズムに対して戦っているものだ」と書いて物議をかもした。英国の政治や社会が旧態依然としている限り、戦争の目標もはっきりしないし、一般市民には関係のないものだ、という見方であったが、この極論もすぐに反論を呼び起す。そのような見方は英米民主主義とドイツ全体主義の間に本質的な差異はないという、非現実的な反戦論だとして批判される。

戦う以上、勝たなければならない。しかし敵を敗かすことにどのような意義があるのか。勝利のためには手段を選ばないのか。そういった問題の重要性をこの二例は示しているが、もちろん米英に限らず、ドイツや日本、さらには中国やソ連においても、戦争の手段と目標は大きな関心事であった。そしてこの問題を取り扱う過程で、戦争の思想的基盤ともいい得るものが明らかになっていくのである。アメリカのノンフィクション作家ターケル（Studs Terkel）は、第二次大戦についての数百人の回憶をまとめた本を『良い戦争』（*"The Good War"*）と名付けたが、アメリカ人に限らず、ほとんどすべての者が自分達の戦っている戦争は「良い」すなわち正当化し積極的に推進し得る戦争だと信じていたに違いない。

「良い」戦争にはそれに相応する「良い」手段があるのか。それとも「良い」戦争をする上でも、手段は敵と同じ、あるいはそれ以上に「効果的」なものを使うべきなのか。手段は不正でも目的が正しければ「良い」のか。戦場における戦術や武器のみならず、本国における政治体制、スパイ防止対策、愛国精神の発揚等に、敵と味方のほどこす手段に相違があるのかどうか。

そのような問題を当時のアメリカの側から突込んで解説した好著に人類学者ミードの『万一に備えて』（*And Keep Your Powder Dry*）がある。一九四二年に出版され、戦後も多く版を重ねた、著者の代表作の一つであるが、その中でミードは、対日独戦争が、米国にとって何を意味するのか、日本人やドイツ人と比べて、アメリカ人としてアメリカらしい戦争をするにはどうしたらよいのか、というテーマを中心課題としていた。つまり同じ戦争でも、アメリカ人には敵側とは違ったものであるはずだというのである。その違いとは何か。ミードによれば、アメリカ人の特質、つまり国民性に他ならない。「全体戦争」を戦い抜く上で、最も大事なのは自分達はアメリカという歴史と文化にはぐくまれた、独特の国民性を持った国民なのだということである。そして「我々がアメリカ人であるということ」そのものが、戦争遂行上最大の武器なのだ、と彼女は説いた。

もちろんそのような文化的必然論は、すべての国にあてはまるものであり、ミードもドイツ人にはドイツ人、日本人には日本人特有の性格や文化的遺産があって、彼等もこれを最大限に利用して戦いを挑んでくるに違いないとしていた。しかしそれだからこそなおさら、アメリカ人は彼等の真似をせず、アメリカ人として戦うべきなのだとしていた。そして米国の国民性の中でも、特に民主主義、多様性、機会均等の原則、自由競争等を尊ぶ気質は、戦争をするにあたって多大の効力を発揮するであろうと述べた。全体主義政府の下で従軍する兵士よりは、アメリカの兵隊の方が優秀であるに違いない、というのである。

ここで興味深いのは、米国の国民性はドイツや日本のそれと比べてより平和的だからこそ、いざ戦争となるとアメリカの「市民・兵士」の方がドイツや日本の兵隊よりは勇敢かつ効果的に戦うであろう、とミードが信じていたことである。人間の本能には戦闘的な面も平和的な面もあり、そのいずれが優位に立つかは文化的環境による。アメリカでは平和的な国民性が発達してきたが、それだからこそ、この文化を守るためにいざとなれば果敢に戦うであろう。「敵はいつまでも戦いを続けるための戦争を行ない、我々は戦争をやめるために戦う。そして戦いの仕方は我々も敵側も同じである。敵と同じ手段で敵を負かせ、勝利の後に今度こそ敵が好むような戦争が起らないようにする。こうしてこそ我々はこの戦いに勝つことができるのだ」と著者は記した。当時のアメリカにおける代表的な見方だということができよう。

この解釈の一つの弱点は、こういったアメリカ中心的な見方からは、英ソ中等との同盟の文化論的裏づけは生まれないということである。イギリス人もロシア人も中国人も、それぞれ別個の伝統や国民性を持っているのだとすれば、彼等同志、あるいは彼等とアメリカ人が、はたして十分に協力し合えるものかどうか。なるほど戦時中アメリカの政府や言論界は「民主主義連合」の旗印の下に、米英ソ中の結束を誇示したが、ミードも述べるように、民主主義にしても自由にしても、文化的に定義された概念であり、人為的にすべての国に植えつけ得るものではない。そうだとすれば、戦時中の同盟はただ一時の戦略的便法に過ぎないのではないか。ドイツや日本を敗るための手段としての意味しかないのか。一時的な方便ではないのだとすれば、戦後同盟国はどのような形で協調を続けていくべきなのか。

こういった問題はすでに太平洋戦争勃発前から意識されており、そのために戦後の平和についての議論が戦時中も活潑にくり拡げられるのであるが、この点については次節で触れることとし、その前に日本における戦争遂行論に注意したい。アメリカとは対照的な文化的背景を持つ日本では、戦争の意義と方法について、どのようなことがいわれていたのか。

一九四三年に書かれた「アメリカの国民性」という論文の中で、和辻哲郎は「民族の真の底力は道義的精神力であって量の力ではない」と主張した。上記したミードの意見と全く同一である。ただミードの場合、ドイツ人が数を頼りにしているのに対し、アメリカ人は自らの文化的伝統を武器にすべきだと説いたのだが、和辻は「アメリカ精神」こそ「量」の精神であり、しかも米国の国民性は「闘争的性格」を持っており、「賭博的無頼漢的態度」によって特徴づけられたものだとしていた。ミードが独日の好戦性・武断主義と米国の平和的志向を対比させたのに反し、和辻は世界制覇の野望がアメリカ人の「性癖」となっているときめつけた。そのような国と戦う日本にとって、最大の武器は道義の力、「臣道」でなければならない。同じ頃発表した『日本の臣道』において、和辻は滅私奉公の精神こそ、「正直・慈悲・智慧を国家的に実現し給う大君」の下に、日本人が果敢な戦闘をなし得る源だとしていた。

似たような見解はあらゆるところに見ることができる。対米英戦は思想戦であり、「日本精神」や

「皇道精神」を持った日本人の自覚こそ、最後の勝利につながるのだ、とされた。アメリカ側の考え方と両極端のようではあるが、両者に共通した点も多いのに気づく。最も基本的には、戦争で重要なのは兵士や武器の数ではなく文化的伝統や国民性だという認識がある。アメリカにとっても日本にとっても、固有の精神文化を守るために、そして伝統的な精神の発露として、戦争をするのだということになる。そしてまた、相手方は好戦的で世界支配をもくろんでいるとし、自分達はそのような野望から世界を救うために「義戦」をしているのだという主張も両者に共通していた。

ただアメリカあるいはイギリスの場合、民主主義を守るための戦い、という概念が定着していたのに対し、日本はアジアを「民主主義的政治体制」から解放するために戦うのだといわれた。情報局次長の奥村喜和男のことばでいえば、太平洋戦争は「皇国の国体明徴」を発展させて「アジア太平洋圏の自己還元を実現する」ものなのだということになる。しかし日本独特の国体や「すめらみくに」の精神が、どうしてアジアの他の国々とつながるのかは問題であり、その点も上記した米国側の戦争論の問題点と似通っている。そして各種の国との連帯や同盟を正当づけるための原理が、アメリカにとっても日本にとっても、どうしても必要になるのである。戦時中日米両国、あるいは他の参戦国が、戦後の世界のヴィジョンを描こうと努力したのは、そのような思想的流れを背景としている。

三　戦後平和のヴィジョン

一九四一年八月、ローズヴェルトとチャーチル（Winston S. Churchill）はニューファウンドランド沖の米国軍艦上で会見、いわゆる大西洋会談を行なうが、会談後発表された大西洋憲章（The Atlantic Charter）は、米英両国のみならず戦時中の同盟国側のヴィジョンを示すものとして重要な文書である。この憲章は八カ条から成り立っており、「世界のより良い将来のために」共通の原則を掲げたものであった。八カ条の原則は民族自決、領土保全、経済的国際主義、社会保障、軍備縮小、国際協調等であり、このような原則が戦後の世界で実現されるために、連合国側はファシスト陣営と戦うのだとされた。平和の構想を示したものといえる。

八原則の中でも特に注目すべきなのは経済的国際主義と国内改革の思想であろう。両者ともウィルソン外交及び一九二〇年代の平和のヴィジョンを支えるものであったことはすでにくり返し述べた。この両原則が再び強調されたということは、ウィルソン主義の復権を示すものに他ならないが、一九三〇年代の試練を経て力強く再確認されたことに意味がある。しかも国際環境も国内情況も、一九四一年は一九二〇年代とは著しく異なっていたから、大西洋憲章はその点を反映し、両原則を過去よりは一層具体的に定義していた。経済的国際主義の概念が、特に「勝者も敗者も、経済繁栄のために必要な市場と原料を世界のあらゆる地域で平等な条件で獲得する」原則を含んでいたのは、日本やドイツが「持たざる国」のスローガンの下に世界を分割しようと企てていたことへの挑戦であり、両国とも再び開放された世界における多角的な経済活動に戻るよう呼びかけたのである。一方国内改革論は、民族自決や社会保障制度の充実によって、従来の資本主義・民主主義体制を一歩越えた、より住みよい社会を築くことが平和を堅固にする道なのだという見方を反映していた。ファシズムによらなくても、一般市民を失業や貧困から救済し、しかも彼等の人権を守ることは可能なはずだとすることによって、リベラリズムや資本主義の破綻を思い込まされているドイツ人や日本人にアピールしようとしたのであろう。

ここに描かれた平和のヴィジョンが根本的にはウィルソン主義の流れを汲んでいたことは明らかである。ということは、一九三〇年代末期から一九四〇年代にかけて、軍事力や権力政治の重要性を強調する議論が盛んになって、ウィルソン的理想主義が影をひそめたかに見えたのも、それは表面的な現象に過ぎなかったのかも知れない。上記したように、一九三九年から一九四一年にかけて、ウィルソン主義や一九二〇年代の国際主義についての批判が高まり、この傾向は戦時中も続くのであるが、また一方では、大西洋憲章に表わされたような理想主義が流れを保っていたということになる。

力を基にした現実主義的志向と、ヴィジョンを掲げた理想主義の流れとは、別のレベルの現象であり、前者は戦争、後者は平和の論理を代表していたのだともいえる。ウィルソン主義は平和的国際社会の理念を形成するものであったから、戦争準備や武力の行使を強調する論者には不都合であり、一方戦後の平和を模索する者にとって、ウィルソン主義は明確な枠組を提供してくれたのである。アメリカ南部の著名なジャーナリスト、ジョンソン（Gerald W. Johnson）は戦時中、「ワシントン大統領の名前が戦争及び建国と結びつき、ジェファソンが民主主義、リンカーンが自由を意味するのと同じように、ウィルソンという名称は今や平和を意味するものとなった」と述べていたのは興味深い。当時のアメリカ人の平和観を知る上で、どうしてもウィルソンまでさかのぼらなければならないのである。

しかし実際に戦争と平和の思想はそれほど明確に区別されていたのであろうか。多くの論者にとって、戦争の中にも平和があったのではないか。平和のヴィジョンがあったからこそ、戦争を正当化し得たのではないか。例えばマーガレット・ミードは上記した本の中で、「戦後世界の可能性」を信ずるからこそ我々は戦うのだと述べているが、この関係をよく物語っている。平和を想定し、これに向かって努力する。これこそ「アメリカ的」な行為なのだと彼女は説く。「最も大事なのは現在なのではなく、現在の中に含まれた将来である」と歴史家のロビンソン（G. T. Robinson）も当時記している。「自由に未来像を描き、その実現に向かって民主的に行動すること」が米国及び同盟国に与えられた任務だとする。このような考えに共通するのは、戦争と平和の境界線が漠然としており、戦争の意味や手段は、平和の構想と切り離すことはできない、という見方である。そしてかりに戦闘行為そのものにかんしてはアメリカもドイツも大同小異であっても、平和のヴィジョンが違う以上、同盟国側の戦争は正当化し得るものだとされる。

しかし同じことは枢軸国側についてもいえる。ドイツや日本の「新秩序」論は米英側の大西洋憲章に匹敵し、戦後世界の理想像を描いたものであった。ただドイツの場合、優秀民族によるヨーロッパ支配という観念があまりにもあからさまであり、アーリアン人種による「劣等人種」の支配を通してヨーロッパ経済を統合するという企ては、極めて一人よがりのものであった。ユダヤ人に対する「最終解決案」すなわち隔離と虐殺も、戦後「平和」の構想の一つであったが、もとよりそういったヴィジョンは同盟国側のと比べようがない。

日本の場合は多少異なっている。戦争中唱道された大東亜共栄圏の理念が、仮に修辞だけに過ぎず中国人や他のアジア民族に対する支配や圧政を美化する手段に他ならなかったとしても、少なくともドイツと比べて、戦時下の日本では戦争にできるだけ普遍的な意義を与え、戦後のイメージを鮮明にすることによって、日本国民のみならずアジア諸民族にも訴えようとした形跡がある。その点では米英等と同じく、戦争の中に平和の構想が存在していたといえるのである。

その好例が一九四三年に発表された大東亜宣言であろう。大西洋憲章に対する日本政府の対応ともいえる文書である。もちろん双方とも戦争努力の一部として、プロパガンダの役割を持っていたのは明らかであるが、同時に第二次大戦中の平和論議を理解する上でも貴重な資料である。大西洋憲章と同じく、大東亜宣言も戦後世界の理想像を描いた点で、当時日本人（政府や言論指導者）の抱いていた平和のイメージを示していた。すなわち、大東亜各国はアジアにおいて「共存共栄」や「自主独立」の原則の下に相互の経済発展を図り、「大東亜の文化を昂揚」すると共に、それ以外の諸国とも親交を結び、「人種的差別を撤廃し、普く文化を交流し、進んで資源を開放し、以て世界の進運に貢献」したいと述べられていた。ここに掲げられた原則は経済的国際主義に他ならず、その点では米英側の平和像と根本的に変わるものではない。またアジアにおける「共存共栄」や「自主独立」の精神を唱った箇所は、大西洋憲章の民族自決主義、国際協調主義とも相通じている。

もちろん両者の相違点もある。大東亜宣言には民主主義の原則は述べられていなかったし、その代わり文化交流の項が加えられていた。最も根本的には、大西洋憲章がすべての国（勝者敗者にかかわらず）に対し普遍的な平和のヴィジョンを打ち立てようとしたのに対し、大東亜宣言はアジアを中心とした、反米英的な国際秩序を想定している。奥村喜和男の言葉でいえば、「人類に共通な普遍的真理なるか」のように唱えられる「米英的近世精神」を打破し、「近代精神の克服による人類本来の内的関係の回復、さらに統一ある宇宙的秩序への復帰」こそ日本が目指す世界新秩序なのだ、ということになる。

しかしそのような抽象概念は、アジアの他の諸国民に受け入れられるものであろうか。答えは明らかである。一九四三年一月の『大公報』紙上で、中国のある知識人は「アジア人のためのアジア」などという妄想から日本人を解放し、民主主義の原則の下に「日本人のための日本」が建設できるよう、中国人も助けてやるべきだと記していたが、日本の一人よがりな大東亜主義は、中国人にとって決して平和のヴィジョンを与えるものではなかったのである。

しかしそれにもかかわらず、経済的国際協調主義の見方が日本あるいは中国でも存在していたことは、戦時中の平和観を知る上で興味深い。上記した『大公報』論文には、「戦後自由民主の国となった中国」は決して「閉関主義」をとらず、「富饒な資源を開発供給することによって、世界経済において協力していく」ことになろうとあり、また大東亜宣言も資源の開放を唱っていた。そのように、戦後平和の経済的な基盤を求めようとする点では、各国における論議に重複するものがあったといえる。

そしてまた、奥村のいう「米英的近世精神」に対する反省も、戦時中の米国や英国において見られていたのである。近代欧米の個人主義や自由主義は金融独占や帝国主義を生んだから排斥されねばならぬ、とする彼の議論は極端であるにしても、戦後の世界秩序が決して従来、つまり一九二〇年代に頂点に達した資本主義やリベラリズムをそのまま復元したものではあり得ないであろうことは、アメリカやイギリスの識者がつとに指摘していたのである。大西洋憲章の中で社会保障や完全雇用の重要性が述べられていたのはその好例であるが、さらに戦時中の考え方をよく示すと思われる著作にカーの『平和の条件』(*Conditions of Peace*)がある。一九四四年に出版されたこの本の中で、著者は一九二〇年代的な平和が、十九世紀のリベラル・デモクラシー思想の産物であり、「静止状態の自己満足」を表わしてはいたが、新しい時代の条件に答え得るものではなかった、と批判した。新しい時代の条件とは経済発達にともなう労働問題、富の不平等な分配、市場や資源をめぐるナショナリズムの盛り上り等である。そのような状態に眼をつぶって、「過去にあがめたてまつられた政治理念を崇拝する」だけの国が抱く平和の概念は、現実性を欠いたものだったのだ、とカーは指摘する。

一九二〇年代には、現状に満足した国が平和の絶対的価値を説き、戦争に対する恐怖感を植えつけようとしたが、これは国内の特権階級が社会秩序の安定を強調して革命を抑圧しようとするのと同じだ、と彼はいう。一九三〇年代にファシズムや共産主義が勢力を増していったのも、変転する社会や経済に「革命的」に対応しようとしたからである。過去に生きる西欧や米国と違って、ドイツやソ連は新しい原理にもとづいた新しい経済制度を作ることによって、将来への希望を与えてくれると、多くの若者は信じた。したがってもしも第二次世界大戦後、より良い世界を築こうとすれば、平和とか安全とかを最大の目標とせず、革命的な手段で社会・経済問題を処理していく姿勢が大事である。これが「平和の条件」なのだ、とカーは主張した。

平和よりは革命をとるべきだ、とする彼の議論は極端ではあったが、一九二〇年代と一九三〇年代の国際情勢を経た者が到達した一つの結論を示している。そして似たような認識は欧米諸国で戦時中一般化していったといえる。もっともカーとしても戦後各国がドイツやソ連にならって革命政権を樹立することを考えていたのではないが、少なくとも思い切った社会改革や政治意識の変転なしには、新しい時代の諸問題を解決することは不可能だとしていた。この見方は従来の平和観を補い、あるいは変える点で、戦時中の枢軸国側の思潮とも共通する点があったのである。

より好ましい平和は、持てる国が現状維持のため国際秩序を凍結しようとする努力によってもたらされるものではなく、富や資源や機会のより平等な分配を前提としなければならない、という認識は、従来の国際秩序論をより柔軟にし、平和と社会、秩序と革命等について新たな考慮を迫るものであった。そのような姿勢が一部で出始めていたことは、第二次世界大戦の思想的遺産の一つであるが、ただもう一つの遺産、すなわち権力政治や勢力均衡論の復権とどうつながり得るのかは明白でなく、戦後世界の一大問題として残されることになる。

第七章　冷たい戦争

一　一九四五年の「平和」

第二次世界大戦は戦争と平和の論理にどのような影響を与えたか。前章で見たように、一方で軍事力、権力政治等の概念の復権があり、戦争を古典的に、すなわち勢力均衡の破綻にもとづく現象で、力の対決によって解決されるべきものだとする「現実主義」が影響力を取り戻した。しかしまた他方では、平和を新しい視角でとらえようとする努力もなされ、戦後の国際秩序はたんに力のバランスや旧状態への復帰によってではなく、政治経済社会の改革をともなってこそ、はじめて堅固たるものとなるのだ、という見方が強まった。

この両者、つまり力のレベルでとらえた戦争観と、多角的に見た平和論は、どの時代にも存在してきたといえるが、両者のギャップが一九四五年以降ほど拡まった時はなかったであろう。思想的に「戦争」と「平和」の距離がきわめて大きくなった、そしてそのために唯一つ一般化した概念が「冷戦」だったのだといえるかも知れない。

一九四五年に一つの戦争が終ると同時に、もう一つの、さらに大規模な戦争の可能性が想像された。一九一八年には考えられなかったことである。第一次世界大戦の終った時、大部分の論者はそれが平和を意味するものだと理解したが、第二次大戦は違っていた。すぐに次の戦争が想定され、戦争準備について多くの著作が発表された。

それはどうしてか。もとより米ソ二大国間の不信の念や東欧、中近東における対決による冷戦の到来を挙げなければならないが、本書の目的はもっと掘り下げて、戦争・平和思想の変転をつかむことにある。その意味でまず第一に考えられるのは、戦時中欧米で勢力を取り戻した現実主義的国際政治論が、戦後もそのまま定着したことである。上記したように、ヨーロッパ大陸から渡来した移住学者はそのままアメリカやイギリスに残り、言論界や学界で活躍するが、彼等が現実主義思想を植えつける点で戦後も大きな役割をはたしていくことは銘記すべきである。アドルノやモーゲンソー、さらにはハナ・アレント（Hannah Arendt）等の影響力は一九四五年以降一層に高まっていく。彼等の見方がことごとく一致していたわけではないが、力の論理を冷徹に見極め、ナイーヴな幻想や理想主義にもとづいた国際政治観を排斥する点では一致していた。

当時の新聞や雑誌をひもとくと、現実主義的な見方が一般化していたことに気づく。一九一九年以降とは大きな違いである。例えば戦争終結後も米国はすぐ「ノーマル」な平和状態に戻るのではなく、次の戦争に備えるべきだ、という考えが各所で発表されている。これは必ずしも米国が近い将来ソ連ないし他の国と戦争をする可能性が高いからというのではなく、永久的な平和などはあり得ず、国の安全のためには常に戦争の準備を整えておかなければならない、という古典的現実主義に立脚している。「我々は平和を欲するが、同時に軍事的にも強力でなければならない」とアメリカの一物理学者は一九四七年に書いているが、当時すでに常識化した見解であった。彼の論文には「平和のために戦う科学者」という題がつけられ、しかも「我が国が戦争の準備をしている以上、私もその準備を手伝う用意がある」と述べていたのは、戦争準備によって戦争の勃発を防ぐという、古典的な見方を示していた。この場合の平和とは、戦争のない状態を示すのみであり、終戦後影響力を持った広義の平和論とは別のものだったが、これについてはさらに後述する。

ただ戦争準備といっても、一九四五年以降は核兵器も含まれるから、従来と比べコストや破壊力の点で格段の違いがあろうとされたのは当然である。広島・長崎への原子爆弾の投下が、戦争のイメージをどう変えたかはきわめて興味あるテーマであるが、まだ本格的な研究はそれほど発表されていない。ボイヤー（Paul Boyer）の近著『原爆の光の下で』（*By the Bomb's Early Light*）は、当時のアメリカ世論の動向を詳細にたどった好著であるが、原子爆弾の出現によって米国も爆撃の対象となり、広島や長崎に相当する都市が破壊されてしまうかも知れない、という可能性は、一時はパニックに近い恐怖感を与えたことが実証的に描かれている。

「原爆一撃の下に、我々の都市や工場は跡かたもなく破壊されてしまうであろう」（『アトランティック』〔*The Atlantic Monthly*〕誌）という恐れは「正当化し得るものだ」と当時の識者は述べていた。

しかしまた同時に、原爆といえども武器なのであり、「殺人の手段を改良する」ものである以上、当然その製造、使用も考慮すべきだという見方が強かった。現実主義的な力の論理に立てば、あらゆる武器を使った戦略を用意しておくのは戦争準備の必須条件であり、核兵器も当然その中に入るのである。

原爆の投下は、次の戦争のイメージをきわめて鮮明にし、第三次世界大戦の恐ろしさを一般に植えつけたが、それだからといって、次の戦争――一九四七年頃にそれが米ソ戦であろうことは常識的となる――に核兵器が使われないということにはならない。そして戦争に備えるためにも原爆を製造する必要がある。そのような論理は、当時の戦争観の重要な面を形成していた。すなわち、現実主義的国際関係論と核兵器の出現とが相互に補完しあって、一九四五年直後の悲観的な戦争観を形づくったといえる。

当時の戦争意識を説明し得る第三の要素は、一九三〇年代の遺産ともいうべく、政治体制や思想の相容れない国の間には、常に戦争の危機が存在する、という見方である。ファシズムと共存ないし協調しようとして失敗したのが有和政策だったとされ、ファシズムと民主主義との間の平和などあり得なかったように、共産主義政権と欧米民主主義国家とが平和関係に入ることは不可能だとする。

国内政治と国際関係を結びつけてとらえる見方は以前から存在しており、特にウィルソン主義の重要な側面であったことは既述の通りであるが、政治体制の異なる国の間に臨戦関係を想定するのは一九四五年以降になってである。米国においてはソ連が「思想的敵国」だとされ、「思想戦」の現実性が強調された。これは一九三〇年代から一九四〇年代前半の対独日関係を思想戦の枠組でとらえたものの延長というべく、宥和政策を否定的に見る歴史観ともつながっていた。

もちろん一九四五年までは、そのように思想的に相反するソ連と、米英は同盟していた。しかしそれは力の次元での戦略的方便に過ぎず、一度独日を破った後ではその意味も消えてしまう。そして今や米国と匹敵する軍事大国になった（あるいはなる可能性のある）ソ連との間に、政治的思想的に何ら共通するものがない以上、戦争は常に想定し得るものだ、とされるのである。

そのような諸要素のために、戦後の戦争観はきわめて現実的であり、一九一九年以降のように、「戦争をなくする戦争」を戦い終えたのだという気持はなかった。このレベルにおける平和は、米ソが実際の戦争に至らない時期、いわば過渡期を示すのに過ぎなかった。戦争が「冷たい」間の「冷たい平和」だったのである。冷戦の概念はそのような思潮を背景にしている。

しかしそれだけがすべてではなかった。すでに見たように、戦時中から戦後の平和について多くの考えが発表されており、その大部分は「冷たい平和」的発想法とは軌を異にしていた。「冷たい平和」の概念が一九三〇年代の史実と一九四〇年代の現実に立脚した戦略的権力政治的なものであったのに対し、もう一つの平和論は一九二〇年代まで戻り、さらにいくつかの新しい要素を加えたものであった。

まず第一に経済的国際主義。根本的には一九二〇年代的な概念であるが、一九四五年以降にはブレトン・ウッズ機構や世界銀行の設立によって、より安定した国際貿易と経済発展の進展を図ろうとしたことはよく知られている。さらに重要なのは、第二次世界大戦後の経済的国際主義が、ヨーロッパの地域統合という方式を生み出したことであろう。経済的ナショナリズムやアウタルキーへの傾向を克服し、国際経済をより開放されたものにするためには、関税や為替管理等の障壁を取り除かなければならない。そしてそのような政策をとることは、取りも直さず国家間の政治的緊張度をゆるめることになるのだ、というのである。

これはきわめてアメリカ的な見方であり、事実当時米国が卓越した経済力を盾にして為替の自由化やヨーロッパの統合を促進させようとしたのは、「アメリカの平和」(Pax Americana)を築こうとするものだ、という非難がイギリスやフランスでもなされた。根本的には当を得ているが、「アメリカの平和」はこの場合経済的な定義だったのである。「市場で敵対関係にある国は、国際会議でも味方ではあり得ない」と実業家(一時国務次官補)のクレイトン(William Clayton)は述べていたが、経済活動においてすべての国が同じ(つまり米国式の)ルールに従うことが、平和への道だという信念を表わしている。

第二に、文化交流による平和の強化という、戦前からのテーマも、一九四五年以後再確認される。ただ以前は国際連盟を通しての各国の知的エリート間の対話が強調されたが、今度は大衆同志の交流も重要だとされた。これは明らかに第二次大戦の経験を反映しており、何百万という市民が軍隊に入って殺し合いをくり返したことへの、深刻な反省がその基にあった。もちろん同じ現象は第一次大戦当時も存在していたが、今回の戦争は文字通り世界戦争であり、戦死者や都市破壊の規模は過去に比類がなく、またユダヤ人虐殺、南京大虐殺等、人間同志の極限的な非人道性が明らかになったので、戦争の心理面精神面に大きな関心が向けられたのであろう。

フランスの評論家カイヨワ（Roger Caillois）は一九五一年、戦争の心理的な面を掘り下げた論文を発表するが、その中でこのような角度から戦争を論じた著作はまだほとんど発表されていない、と述べている。そして彼自身は「一般人の意識の中で戦争が聖なるものとしての性格」を持つことに大きな関心を抱き、職業軍人ではなく一般の市民が戦争の「眩暈」を感ずる現象をどう説明するか、を中心テーマとするのであるが、そのような問題意識は終戦後多くの者が抱いていたと思われる。そして国際連合の重要な一機構として設立されたユネスコ（教育科学文化機構）の第一次総会（一九四六）で、「戦争は人間の心に生まれるものだ」とされ、「平和は人類の知的及び道徳的連帯の上に築かれなければならない」という「人権宣言」が採択されたのも、そのような背景を反映していたといえよう。

同じような考えが戦後盛んになった交換教授や留学生制度の思想的背景をなしていたことは疑う余地がない。一九四六年に発足したフルブライト制度はその最も顕著な例であり、今日まで続いている数少ない教育交流のケースだが、米国の学生や学者を外国に送って他の国の人びとがどのような考え方をしているかに肌で触れ、同時に外国からも留学生を呼んでアメリカの生活を知ってもらうことが国際親善につながり、ひいては平和にも貢献し得るのだ、という信条がある。特に興味深いのは、戦前のように特にカナダ、ラテンアメリカ、あるいは中国から留学生を招くのみならず、つい最近まで戦っていたドイツや日本、あるいは冷戦関係に入りつつあったソ連や東欧圏の国ぐにとも、積極的に教育の交換をはかろうとしたことである。文化交流が平和へつながる道だという楽観論であったが、この次元での平和意識の強さを物語っていたといえる。

最後に平和の社会的基盤。これは前記したカーの意見に要約されていたように、戦後の国際秩序はただ戦前の状態に戻るというのではなく、各国における社会改革をもともなうものでなければならないという考えである。特に欧米民主主義国家は、一九二〇年代的リベラリズムや自由競争の原理に支えられた資本主義経済を復興させるだけではなく、社会保障や失業対策制度も含んだ福祉国家となって、はじめて安定した国内及び国際秩序を築き得るのだとされた。イギリスにおける労働党内閣の産業国有化や、アメリカのトルーマン（Harry S. Truman）大統領の下の労働基準法等の制定は、そのような見方を再確認するものだったといえる。

しかしながら、現実にはこのような新しい平和への努力は実を結ばず、力の均衡によって戦争の勃発を阻止するといった、伝統的で受け身の平和観の方が支配的となる。一九四五年から二、三年の間は、経済・文化交流や社会福祉制度の充実を通して強化されるべき国際新秩序への期待は大きかったのであるが、やがてはこの新秩序が全世界的なものとはならず、冷戦に思想的基盤を与えることにすらなってしまう。

経済的国際主義、文化交流、社会改革等の原則は普遍的なはずであり、すべての国がこの原則に従うことによって国際理解と世界平和の達成に向かって歩むことができるのだ、というのが戦後平和の論理であったが、第一次大戦後と異なって、この論理に対抗する権力主義・現実主義的な概念の方が影響を持っていたということであろう。それがどうしてだったのかを理解することは、冷戦の思想的基盤に迫ることでもある。第二次世界大戦後、少なくとも欧米側から見て普遍的だと思われた原則がソ連及びソ連圏に受け入れられなかったという失望感、また反対に後者にとって、そのような原則はアメリカに支配された国際秩序を世界各地に押しつけるものだ、と見なされてしまったことはよく知られている。その結果、普遍的たるべき原理が特殊的なものと見なされ、力の対決を反映するものとして、あるいはその手段としてしか考えられなくなってしまう。

しかしさらに重要なのは、一九四五年以降の各国の政治・経済の混乱の度合いが激しく、新国際主義ともいわれるべき戦後平和論だけでは処理できなくなっていた、という事実であろう。欧米諸国においてすら、経済政策や社会政策をめぐる国内の対立が深刻で、従来のリベラリズムや資本主義を多少改良したもので満足しない階層は、さらに過激な思想を求めていたし、一方この現象に恐怖を抱く人びとは、国内の社会正義や改革よりは秩序を重要視し、その枠組で国際政治をとらえるようになる。(アメリカの国際主義者が、戦後南部で進展した黒人解放運動への対応の過程で分裂し、比較的漸進的な改革や国内秩序の維持を求める人達は、同時に過激主義に対して敏感となり、反共反ソの態度を鮮明にして冷戦を支持するようになるのは典型的である。)

ましてやアジア、中近東、ラテンアメリカ等における社会変動は従来と比べものにならないほど激しく、各地で革命を標榜する政治運動が盛り上っていたから、国際秩序の安定化を新国際主義に求めることが当っているのかどうか、最初から疑問が生ずるのである。例えば中国に対し、国際的経済主義や文化交流を呼びかけても、冷戦の現実に対しては効果に乏しく、中国人自身も共産主義に走るか、伝統的な儒教によりどころを求めるかで、欧米的な原理を受け入れる「第三勢力」は力を欠いていた。

無政府状態が各地で続く状態にあって、国際秩序の安定性が強調されたのも不思議ではなかった。そしてその安定性を保つために過激主義との対決やソ連陣営との力のバランスが重要だとされる。そのような発想からは、経済や文化に主眼を置いた国際主義は除外されてしまうのである。少なくとも一九二〇年代と比べて、力（特に軍事力）なしに国際秩序を維持することはできない、という見方が支配的となる。

冷戦初期の西側の理論家ともいうべきケナンの戦略思想（「封じ込め」政策）も、この間の移り変わりをよく示している。もちろん彼も国際主義や自由、人権等の価値を出発点としてはいたが、このような価値は自然に世界各地に拡まるものではなく、むしろ人類の大多数にとって欧米風の思想や伝統は理解しにくいものだと考えた。したがって欧米の価値体系に対する反撥は常に予期しなければならず、特にソ連支配下の共産主義のイデオロギーが、アジアや中近東で勢力を増していることには十分警戒しなければならない。そしてこれに対抗するためには、どうしても抑止力（デターレント）としての軍事力が必要であるとした。

「世界各地で制御しにくい民衆」が西側の地位を脅かす可能性は常に存在しており、彼等にそのチャンスを与えないためにも、欧米諸国は兵力を整え、戦争準備をしておかなければならない、とケナンは一九四七年一月に述べている。大規模な世界戦を予想するのではなく、せいぜい局地的な軍事力の行使が予想されたが、仮に実際に行使されることがなくても、地域秩序を維持するという能力と意志を明らかにしておかなければ、究極的に大きな戦争を避けることもできなくなろう、というのである。「平時の外交政策の武器として兵力を使う」べきだとするケナンの見方は、国際情勢の混乱ないし無秩序という認識を前提としていたということができる。

もちろん、世界が混沌としているからこそ、大国としての米国は慎重に振舞い、国際警察の役目を果すよりはそんな社会に対して寛容の精神で接し、各国が自らの力で国内の秩序を築き上げるまで辛抱強く待つべきだ、という見方も成り立つ。力を使わず、内政不干渉の方針に徹することが平和への道だとする。この見方は、例えばアメリカの哲学者サマヴィル（John Somerville）が一九四九年に出版した『平和の哲学』（*The Philosophy of Peace*）の中で提供している。ケナンのいうように武力で各地の秩序を保つことは、結果的に既存政権、右派や反動勢力を支持することになるのみならず、社会改革派をソ連陣営に押しやることになるし、ソ連としても米国兵力の行使を黙視しないだろう、というのである。

冷戦の起源やその後の発展について述べるのは本書の目的ではないが、すでに一九四五年から二、三年のうちに、上記したように戦争と平和の概念が分裂してしまったことに注目すべきである。積極的能動的な平和の概念が、次第に権力政治的現実主義に押されて、その結果最大公約数としての平和、すなわち戦争のない状態としての平和の観念しか現実性を帯びなくなる。しかも、そのような平和ですら、冷戦の一面あるいは冷戦の戦略としての意味しか与えられないのである。

より安定した、真の平和はあり得ないという悲観主義が冷戦肯定、さらには武力行使の支持を生み出したことは想像に難くない。したがって、もしもより恒久的な平和を求めるのであれば、まずソ連の共産政権を打倒してからだ、といった極論も出てくるのである。バートランド・ラッセルが、世界平和の確立のためには、米国はできるだけ早く原爆を使ってソ連を破り、その上で世界政府を樹立すべきだと述べたのは一九四八年であるが、当時の知的心理的状態の一端を表わしている。米ソ間の一時的な平和などよりは、「戦争をなくすための戦争」をした後で、堅固な平和秩序を築き上げる方がまさっているというのである。当時の平和論が如何に混迷していたかを示している。

二 現実主義の隆盛

サマヴィルは上記した本の中で、核兵器の時代において平和より大事なものはなく、したがって各国とも平和を最高の目標としなければ、人類全体は破滅してしまうであろうと警告した。今日においては常識的とすらいえるこの見解は、当時はむしろ異端扱いされたのである。平和について語ることは非現実的か、親ソか、あるいは非キリスト教的だとされ、武力の充実や戦争の決意を盾としない平和論は無意味だとして片づけられてしまう。平和は絶対的な善なのではなく、場合によっては平和よりも貴重なもの（それが国家であろうと自由の原則であろうと）を守るために、平和は犠牲になっても致し方ない、という見方が支配的になる。その意味で、一九四〇年代末期から一九五〇年代の中葉までは、現実主義的戦争・平和論が降盛をきわめた時期だったといえる。

現実主義の教義の代表作ともいえるオスグッド（Robert E. Osgood）の『アメリカ外交における理想と国益』（*Ideals and Self-Interest in America's Foreign Relations*）が出版されたのは一九五五年であるが、すでに触れたカー、モーゲンソー、ケナン等の影響が明らかである。著者は米国外交が時として理想を追うあまり、国際政治における力の関係を軽視したことを批判する。「戦争の根底にあるのは複雑な力の衝突」なのだからである。特に第一次大戦後、「国益の追求よりは戦争の忌避を外交政策の根本条件とした」ために、結局第二次世界大戦を招くことになってしまった。したがって今後は国益を先決とし、戦争を避けること自体を政策の目標とすべきではない、と主張する。中には国益のために戦わなければならない戦争もあるかも知れない、というのである。

これは逆にいえば、すべての平和が好ましいものだとは限らない、ということである。神学者のニーバーは当時のキリスト教的現実主義を代表していたといえるが、彼も核戦争が人類にとって破滅を意味することは認めていた。しかし米ソ間の原爆戦争を阻止するためにも、米国は核兵器の製造を続けるべきだとした。核抑止論であるが、そのような方法で保たれた平和は、もとより相対的なものであり、国家の目標そのものではあり得なかった。しかしニーバーとしては、それ以外の平和は考えられなかったのである。「戦争は避けなければならないが、同時に専制主義とは戦わなければならない」。平和の名の下に共産主義と妥協するのは、これに対し戦争を仕掛けるのと同様、受け入れ難いことである。したがって当分の間軍事力の充実によって力の優位を保ち、戦争が起らないようにする以外にない、と彼は結論した。

現実主義者の戦争・平和論に対して、ささやかな抵抗を示す論者もいた。例えば詩人のアーチボルド・マクリーシュ（Archibald MacLeish）は、一九五一年ラドクリフ大学の卒業式で、「現実主義」とは要するに戦争が不可欠だと認めることだときめつけ、戦争と平和の選択を自由意志によらず、必然的なものとしてしまうと批判した。実際にはそのような選択はまだ存在しているのであり、「人類絶滅の武器による戦争」をするかわりに「自由で平和な将来」を考えようではないか、と呼びかけた。

しかしマクリーシュですら、「共産主義による世界支配」には反対なのであり、「ロシア人の悪質な魔力」に打ち勝たなければならないとしていた。ただそのために戦争をしなければならないという不可欠論に反対していたのである。自分達の力で世界を変えることができるのだという信念を失ってしまったら、「将来には戦争しかなく、戦争は世界の破滅を意味する」しかない。このような見方は対ソ好戦論には反対であっても、絶対的平和論とは異なっており、当時一般に寛容され得る限界内での平和主義だったといえるかも知れない。その意味では「正義をともなった平和」（peace with justice）を根本的枠組としたニーバー等の概念と共通したものを持っていた。

しかし核戦争を避け、しかもソ連支配下の「平和」も受け入れ難いとすれば、どのような平和があり得るのか。実際にどういった方法で如何なる平和を築き上げようというのか。当時の平和論は現実主義者の抑止論やそれに反対する側の抽象的な反共平和主義に支配されており、具体的な平和の構想を描いたものはまれであった。理想主義的な見方に立ったネフ（John U. Nef）の『戦争と進歩』（*War and Human Progress*）は当時のまとまった平和論の数少ない例の一つであるが、この著作（一九五〇年に出版）もきわめて抽象的であり、人類は帰するところ神にすがって平和を求める以外にない、といった結論になっている。

唯一具体性を帯びた平和論は国際連合を新しい平和の基礎にすべきだ、という国際機構論であったろう。当時はまだ国際連合についての西側の関心も高く、集団安全保障、核の国際管理、経済援助等の面でこの機構が果し得る役割は大きく、それが平和へとつながっていくのだとする論者も多かった。特に有名なのはイギリスの歴史学者ジンマーン（Alfred Zimmern）で、彼は『世界平和へのアメリカ的な道』（*The American Road to World Peace*）の中で、国際連合を通して各国が協力の実績を蓄積することによって、世界の平和の基礎が固まるのだと主張した。

しかし国際協力といっても、ここで述べられているのは「自由な人びと」の間の協調であり、したがって「自由世界」の国ぐにによる平和の強化である。彼等が国連を通して協力すれば、共産陣営が如何に戦闘的でも平和と自由を維持することができようというのである。この見方は朝鮮への武力介入（一九五〇）を、国連を通しての平和維持政策だとした米国政府の立場と共通していた。（米軍を朝鮮に派兵するにあたり、トルーマン大統領が「これは戦争ではない」と重ねて強調したのは興味深い。戦争も平和も戦略的概念とされ、両者の区別があいまいになっている事実を示す好例である。）

そのような平和で満足すべきものなのか。自由世界の団結や国連の強化を通して維持された平和は、はたして二大国関係の安定化や、国際社会全体の福祉を増進させることになるのだろうか。このような疑問も生ずるのであるが、それに対し新しい角度から各種の議論がなされるのは一九五〇年代半ば、朝鮮戦争を過ぎてのことである。一九五三年頃までは、西側における平和の論議は根本的には米ソの武力的思想的対決という枠組の中でのものだったといえる。

当時の悲観的な平和論を徹底的に追求し描写したのがオーウェルの『一九八四年』であろう。一九四九年に出版されたこの小説にはいくつかの読み方があろうが、戦争・平和の思想史上特に重要なのは、オーウェルの描く全体主義国家において「戦争即平和、平和即戦争」(war is peace ; peace is war)とされていることであろう。このスローガンほど全体主義における思想統制を端的に表わすものはなく、しかもそれ以外の国においても戦争と平和との境界が漠然としてきた状態をも指摘していたともいえる。

もしもこの本がソ連の全体主義を風刺するだけであったならば、冷戦イデオロギーの一表現として片づけられてしまったであろうが、当時の書評の大部分はそのような見方をせず、米ソ対決状態の国際関係において、あまりにも政治的思想的に規制された国は自由や平和を享受し得ないことを示唆したものだととらえていた。『一九八四年』に描かれた世界には三大国があるのみで、常に緊張・臨戦状態に置かれているが、実際の戦争(核戦争)は起らず、辺境地帯でたまに衝突があるだけである。戦争そのものよりも国家総動員体制の方が国の権力者にとって必要なのであり、常に戦争の危機感を作り出すことによって国民に犠牲を強い、彼等の自由を制限している。したがって平和なるものは戦争準備の状態に過ぎないが、この状態は恒久的に維持されなければならないから、「戦争は平和であり、平和は戦争である」といった概念的混同が生ずる。その意味では核戦争も安定した平和も存在しなかった冷戦期の風潮を忠実に反映していたといえるのである。

しかしオーウェルの小説で最も示唆的なのは、平和の概念に実質性がなくなってしまったことであろう。平和とは何か。どのような平和を想定し、その実現に向かって努力すべきなのか。そのような伝統的な問題意識はもはや存在せず、権力者にとって平和とは全体主義体制維持のために国を常に臨戦の状態に置いておくことに過ぎない。平和といってもその分だけ国民がノーマルな生活を享受できるというわけではなく、物質的精神的に戦争と何ら変わることはない。むしろ戦争が発生すれば権力者は科学者や技術者の助けを借りなければならず、戦うためには「合理性」を持った戦略や戦術を必要とするから、国民の間に思想的自覚を植えつける恐れがある。彼等を半奴隷の境遇に置いておくためには、むしろ平和の方が望ましい状態である。

はたして平和とはそのようにネガティヴなものなのか。冷戦時代において、かつてのようにポジティヴな平和を夢見ることは許されないのであろうか。そして人類にとって与えられた選択には核戦争かオーウェル的平和かしかないのか。さもなければ冷戦という現実の中で、ソ連との対決の姿勢をとったままで、西側の結束を強めること、すなわち権力政治的な構想をもって平和と見なすべきなのか。当時はそのように平和について悲観的否定的な見方が支配的であった。

三　平和への模索

朝鮮戦争休戦（一九五三）からヴェトナム戦争の拡大化（一九六五）に至る十二、三年は、その意味でも画期的であった。米ソ二大強国の対決という枠組に変わりはなかったが、その中で従来と比べ、より積極的具体的な平和像が描かれていったからである。

一九六一年一月、米国の大統領になったケネディ（John F. Kennedy）は就任演説で自分の若さ（四三歳）に触れ、アメリカは今や若い世代の時代になったと述べた。この世代は「今世紀に生まれ、戦争の洗礼を受け、困難で苦痛な平和によって鍛えられ、しかも誇るべき遺産を守ってきた」。そのような見方は当時の人びと、特に二十世紀に生まれ育った世代の人達の共感を得たと思われる。彼等は確かに戦争を経験したし、戦争のなかった時代も平和と呼ぶにはあまりにも短く、もろいものであった。

彼等の知っている平和は「困難で苦痛」なものだったとする見方は、上述した悲観論と結びついている。平和といっても激烈な戦争の結果獲得したものであり、しかもその犠牲にもかかわらず戦後の平和は苦痛に満ちていた。まだ若い大統領がそのような平和観を抱いていたことは、その前の世代の理想主義が究極的には戦争を防ぎ得なかったのだという批判を反映していたのであろう。そしてこれからも平和を維持していこうとすれば、幻想にとらわれず、犠牲を恐れずに、困難で苦痛な努力を続けなければならない、という思考が根底にある。平和は戦争と同じように辛苦の多い努力を必要とし、ただ願望するのではなく戦いとるものなのだという意識は、ケネディの先任者アイゼンハワー(Dwight D. Eisenhower)が大統領時代の回顧録の第二巻に『平和を戦って』(*Waging Peace*)という題をつけたことにも表われていた。この場合の「平和」も、ケネディの演説の「平和」と同じく、現実主義的に定義され、米国及び同盟国の結束と不断の努力によって辛うじて維持されている平和が念頭に置かれていたのである。

しかしまた同時に、一九五〇年代中葉から一九六〇年代にかけて、冷戦初期の平和概念を越えた、より積極的な構想が試みられたのも事実である。一つには冷戦体制に対する思想的反撥が漸く表面化したこと、そしてまた国際情勢の推移のあったことが挙げられるが、より根本的には米国においてケネディのいう「我々の誇るべき遺産」が想起され、時代に即した平和論を作り出そうという意欲がかきたてられたこともある。たんにソ連との全面戦争の回避という意味における平和ではなく、より積極的な構想が求められるのだとしたら、アメリカ人は矢張り自分達の歴史の中によりどころを見出そうとしたのであろう。

この場合、過去の平和概念が想起され、それをもとに新しい平和の構想を作ろうという動きが活潑化したのも不思議ではなかった。朝鮮戦争の休戦はその点でも重要である。また同じような戦争があるかも知れないし、それに備えて用意を怠るべきではないとする限定戦争論が盛んになるのは後述の通りである。しかし同時に、米国及び同盟国としてもできる限りの努力をして、漸くかち得た平和の基礎を固め、より安定した国際秩序を築くようにすべきだ、という積極論も表面化する。

朝鮮戦争が局地戦争に止まり、米ソ間の全面戦争に至らなかったことは、冷戦期の戦争概念に微妙な影響を与えた。リップマンが一九五四年に書いたように、「大きな戦争は何も決定せず、何の恩恵ももたらさず、意味のないものだ」ということを朝鮮戦争は教えた。米国もソ連もお互いに核攻撃を仕掛けて自らの破壊を招くことを望まないことも明らかになった。したがって冷戦は「休戦」の状態に入ったのだ、と彼は記した。

この「休戦」を別の言葉で表わすと「平和共存」ということになる。第四章で見たように、この概念は早くからレーニンが使っていたが、一九五〇年代に入ってソ連の指導者は再び米国との平和共存を唱えるようになる。特に一九五三年のスターリン死後はこの傾向が著しかった。一方米国においても共産圏との共存を平和の基礎とする見方が強まる。『クリスチャン・センチュリー』(*Christian Century*)誌が同年十月の社説で説いたように、米国は依然としてソ連と戦争状態にあるのだという立場から見れば、平和共存などはナンセンスであろうが、人類は「共存か破滅か」の選択を迫られているのであり、死よりは生を選ぶ者は当然平和共存をとらなければならない。仮にこの平和が全世界の破壊の回避という消極的なものであっても、それはそれなりに意味があるのではないか。一九五四年末のギャラップ世論調査によれば、この年の出来事で最も感謝すべきなのは平和が維持されたことだ、と五四パーセントのアメリカ人が答えていたことにも示されていたように、平和が消極的な意味しか持っていなくても、積極的な対ソ対決論よりは好ましいものだとする意見が普及していくのである。

さらにこのレベルを越えて、平和の概念に積極的な意味を持たせようとする努力もされる。上述したように、過去の平和観が想起され現代への応用が試みられるのだが、特に影響力のあったのは経済的国際主義と社会変革の思想である。より安定した国際秩序は経済成長や貿易の拡大にもとづかなければならないという見方は、戦中戦後の米国外交思想の一次元を構成していたが、一九五〇年代にはこの概念が社会変革の理念と結びついて低開発地域における「国家形成」(nation-building) の思想となる。後進国の国づくりを援助促進することが、国際平和を強固にする道だというのである。

それまでの戦争・平和論が米ソ関係を主眼としていたのに対し、この新しい視野は世界全体、特に第三世界と呼ばれるようになった国ぐにを対象に入れていた。これは当時のアジア・アフリカ諸国民の独立や解放運動に対応するものであったのは明らかである。例えばアジア全土にわたって、「十二億もの褐色人種が独立し、西洋と対等の立場になった」のは国際政治を根本から変えるものだ、とスノー (Edgar Snow) は一九五五年に記した。そのような状態にあって、米ソ間の共存だけが平和のすべてではないことは明らかだった。第三世界をどのようにして国際秩序の中に組み入れ、社会変革や政治変動の嵐が平和を乱さないようにするにはどうしたらよいのか、が問題になるのである。

これに対する米国の指導的理念は自由主義的発展論 (liberal developmentalism) と呼ばれるが、要するに国際経済との関連において各国の社会変革を育成し、国づくりを助けていくことによって平和と安定を保とうとするものである。一九二〇年代的な見方を一九五〇年代の現実に応用しようとしたものだといえる。アジア、アフリカ、ラテンアメリカ等の国ぐにが政治的には民主化し、社会的には改革を通して革命を避け、経済的には他国と幅広い相互依存体制を作り上げていくことが、地域的安定と国際平和の維持に貢献し、ひいてはソ連圏の勢力発展を阻止することにもなろう、というのであった。

米国はその富と過去の遺産の故に、そのような平和の建設に貢献することができる、とする楽観論は次第に強まっていく。米国は軍事力ではなく経済や思想の力で、世界における役割を全うすべきだと『ライフ』(*Life*)誌も社説で述べていたが、そのためにも貿易や海外投資のみならず、技術援助や教育交流を盛んにしなければならない。「平和とは国策を戦争以外の手段で続けることに他ならない」とある雑誌は主張したが、冷戦や熱戦に備えることが外交のすべてではないという認識が漸く一般化していたことを物語っている。

ただそのような平和論は、一九二〇年代と比べて決定的な影響を持つには至らなかった。前述したように、仮に戦間期に支配的思想ともいうべきものが存在していたとすれば、それは平和的国際秩序観であったが、一九五〇年代に支配的だったのは、国づくりによる平和論ではなく、米ソ間の対決を前提とした平和共存論であったといえる。その好い例が限定戦争論の台頭である。たとえ米ソの全面戦争が不可欠でないとしても、両大国間の冷戦は依然現実であり、したがって局地的な対立や抗争の可能性は十分にある。そして今後の戦争は全世界を巻き込んだ核戦争ではなく、限定戦争である場合が多く、そのためにも通常兵器や戦術的核兵器を用意しておかなければならない。このような限定戦争論はキッシンジャー(Henry Kissinger)やブローディ(Bernard Brodie)によって一般化されたが、この見方に立てば第三世界の国づくり援助による平和の促進は第二義的なものでしかあり得ず、米国としてもまず限定戦争への準備に集中すべきだということになる。

これとは逆の角度から国づくり論を批判したのが社会学者のミルズ（C. Wright Mills）である。彼は発展途上国を援助すること自体に反対ではなかったが、その過程で彼等が「過重発展国」の「非人間的な面」まで真似しないようにすべきだと主張した。「平和のためのプログラム」という論文（一九五七）の中で、ミルズは米ソ両大国が軍事技術や産業を育成し、その結果戦争の可能性を高めていることを非難し、「平和の戦略は経済的文化的な条件を必要とする」のだと説いた。この場合第三世界への援助は大事なことだが、それはただ国づくりや工業化の促進を意味するだけではなく、世界の至るところに教育・文化交流の「国際センター」を設け、各国の教育家が自由に人間的な交際をできるようにするのが必要である。そのようなユートピア以外に人類存続の条件は考えられない、というのである。

このような見方は米国内部から国づくり平和論を批判するものであったが、さらに大きな打撃が外部から加えられる。第三世界自身の平和・戦争論の出現である。もっとも一九五〇年代中期においては、アジア・アフリカ諸国の平和論は大国間の平和共存論や経済開発主義と矛盾してはいなかった。その好い例が、いわゆる平和五原則であろう。これは一九五四年、中国首相の周恩来とインド首相のネール（Jawaharlal Nehru）とが発表した共同声明に含まれており、領土主権の相互尊重、不可侵、内政不干渉、平等互恵、平和共存の五項目を指す。この五原則にはその後ビルマ、ヴェトナム、ユーゴスラヴィア、エジプト等も賛同しており、一九五五年にインドネシアのバンドンで開かれた第一回アジア・アフリカ会議でも根本的な原則として確認したから、第三世界や中立国側の平和を定義したものといえよう。

しかしこの段階においては米国その他西側の定義する平和と、アジア・アフリカ諸国のそれとの間に大きな距たりがあったとはいえない。米国の平和概念も、平和五原則と対立するものではなかった。特に中国を代表した周恩来が国際協力や緊張の平和的手段による解決を強調したことは、「バンドン精神」が普遍性を持ち、米国主導下の平和理念とも相容れ得る可能性を示唆していたのである。

ところがそれから数年後には事態は一変してしまう。平和五原則を推進した中国とインドが一九五五年以降離反し、局地戦争に至ることに象徴されていたように、第三世界の平和論に亀裂が生ずるとともに、中国は米ソ間の平和共存体制にも反撥して、帝国主義との対決の姿勢を高めていく。その結果中国は植民地や被圧迫民族の解放闘争を支持する国として、大国間の規定する国際秩序に挑み、新しい平和・戦争の理念を打ち出すことになる。そしてそのような革新的、現状打破的な姿勢が一九五〇年代の平和論に対抗し、米国やソ連の平和論とは違った思想を掲げていくにつれ、第三世界における戦争論も次第に急進化していくのである。

第八章　民族解放という名の戦争

一　第三世界における戦争

一九六三年、米ソ両国は部分的核実験停止条約に署名、いわゆるデタントの時代に入る。デタントは平和共存の思想に裏づけされ、二大国間の戦争を避けることを主眼とした国際秩序の構想だったといえるが、それが冷戦の構造そのものを変えるものなのか、それとも冷戦の一変態に過ぎないのかについては、意見が分れていた。一九七〇年代の初頭においては、比較的多くの論者が冷戦の終結を信じていたようである。例えば一九七三年春、米国オハイオ州で開かれた「アメリカ外交政策の選択」にかんするシンポジウムに出席した多数の学者、ジャーナリスト、政府関係者等は「冷戦以後」(post-cold war) の時代が近づきつつあることを認めていた。参加者が提出した論文は『世界情勢と米国』(*The United States in World Affairs*) という題の一冊の本として一九七五年に出版されたが、例えばその中の一つ、政治学者ブラウン (Seyom Brown) のペーパーは、国際関係における思想的対立が弱まり、非軍事面の要素が重要性を増し、しかも戦争から得る利益についての疑問が高まった結果、次の十年間に冷戦は「解消」していくであろうと指摘していた。歴史家のメイ（Ernest R. May）も、同じ頃出版された有名な著作『歴史の教訓』（*"Lessons" of the Past*）の中で、次の十年間に冷戦が再び激化することはあり得ないと主張した。このような見方は、一九六〇年代から一九七〇年代にかけて、終戦直後とは変わった形の国際秩序ができ上りつつあるようだとの認識を反映しており、米ソの対立が国際関係の枠組を提供し、その中で戦争や平和をとらえる以外に理論づけの難しかった時代と比べて、漠然とながら新しい概念へ向けての模索が始まったことを物語っていた。

しかし新しい概念はなかなか見つからなかった。一九七三年にキッシンジャー国務長官は、「世界規模の戦争の危機が減少した今日、我々は平和とは何なのかという、より難しい問題に直面している」と演説したが、当時の風潮を的確に表現していたといえる。平和が何を意味するのか、長い冷戦の間で感覚的知的に見失われてしまったかのようであった。しかし少なくとも米ソ二大国間の戦争はあり得ない、その意味での平和は長続きするのではないか、といった期待は一般化していくのである。『ニューヨーク・タイムズ』紙のフランケル記者（Max Frankel）はすでに一九六八年、米ソ間には暗黙の「反戦同盟」すなわち「生存の方がいかなる思想よりも貴重なものだ」という共通の認識に立って、相互間の戦争をしない協約があるようだと記していたが、それがデタント的平和概念の最大公約数であったろう。

皮肉なことに、そのような平和観や冷戦終結論が影響を持ち始めたと同じ時期に、米国はヴェトナムにおいて大規模の戦争に突入し、第三世界における平和の維持がいかに難しいかを認識するのである。ソ連との世界戦争は避けられても、アジアの局地戦争が泥沼に入る状態においては、はたして平和とは何なのか、一層思想的に混乱してしまうのも無理はなかった。世界最強で最も豊かな米国が、強大国ソ連との安定した関係は保ちながら、最も貧しい小国の一つであるヴェトナムと数年にわたり死闘を続け、しかも失敗に終ってしまったのは何故か。第三世界にはヴェトナムに似た国が多く存在しているのであるから、東南アジア戦争の挫折が米国の戦争・平和概念に深刻な衝撃を与えたのも無理はなかった。

ヴェトナム戦争をここで詳細に取り上げることはできないが、少なくとも米国側の意識としてこの種の戦争についての確固たる見方を欠いていたことは指摘し得るであろう。ヴェトナム戦争は米国にとって宣戦布告も国家総動員もない、局地的な治安維持行為としてとらえられていたが、その目的も手段も米国の「信頼性」(credibility) を保持することにあった。つまり大国として東南アジアの秩序を維持できなければ、国際政治全般における米国の地位も傷つくであろう、というのである。局地戦争も国際政治への政策の一部としてとらえられていたわけで、デタントが着々と進行すればする程、これと相反するかのようなヴェトナムの戦いに対し、理論的な極め手を欠くことになる。そのような形での戦争についての概念を持っていなかったのだといえる。

一方ヴェトナムのみならずソ連は第三世界における戦争にかんする理論を備えていた。それが多分にドグマに満ち、一方的なものであったにしても、少なくとも両大国間の平和とは別の次元における戦争を正当づける思想の存在していたことは、米国と対照的だった。

ソ連の思想を表わす好い例は、一九六八年にソコロウスキー元帥が公けにした戦争論であろう。(英訳されたものが *Soviet Military Strategy* として出版された。)その中で彼は現代の戦争には二種類あることに触れている。第一は帝国主義陣営と社会主義陣営との間のもので、前者にとってそれは「侵略的、略奪的、不正」なものであるが、後者の戦いは「解放的、革命的で正しい」ものである。この戦いは全世界を巻き込むものであり、大規模な戦争だといえる。これはできる限り避ける必要がある。第二に、帝国主義国家と民族解放運動との間の戦いがある。これはスケールも小さい局地戦であるが、帝国主義側が略奪的で不正義であることに変わりはない。それに対して戦う民族解放陣営は自由、独立、正義にもとづいており、反帝国主義戦争はしたがって正義の戦いである。ソコロウスキーはこのように説き、ソ連としては第一種の戦争に核兵器をもって備えると同時に、第二種の戦争に対しても支援しなければならないとした。当時のソ連の見方を代表していたといえる。

そういった立場は、もとより米国の平和論や国際秩序論とは異質のものであり、現実の政策とは別のレベルで、ヴェトナム戦争に対する両国の解釈が根本的に対立していたわけである。また同時に、一九六八年のソ連軍によるチェコスロヴァキア介入も、ソ連側の論理でいえば、武力行使でも、ましてや戦争でもなく、社会主義陣営保持の一手段に過ぎないということになる。社会主義は常に「自由、革命、正義」の側に立つという前提があるからである。

ところが社会主義陣営そのものも、この時期には分裂してしまう。そしてそれのみならずソ連と中国との間に小規模な戦闘さえ見られるのであるが、そのような事態が社会主義陣営側の戦争・平和概念に影響を及ぼしたことは想像に難くない。簡略的にいえば、上記した二つの戦争（帝国主義国と社会主義国、及び帝国主義国と第三世界の民族解放戦線との間のもの）に加えて、社会主義国間の戦争も想定されなければならなくなる。

この可能性に対する中国側の理論づけは明快であった。すでにソ連軍のチェコ進攻当時、周恩来は「社会帝国主義」という言葉を使ってソ連を非難した。社会主義大国が帝国主義的であり得ること、したがってそのような国が他の社会主義国（中国）にとって脅威となる可能性が考えられたのである。そしてそのような脅威を減少させるために、中国は帝国主義諸国（特に米国、日本）との関係を改善し、米ソ二大国が結託して中国を封じ込める策略をくじくべきだ、という戦略が出てくる。

これはもちろん、帝国主義や第三世界についての社会主義理論そのものが変質したことを意味するのではない。中国の指導者は依然そのような概念を使って国際問題を論ずるのであるが、一九七〇年代に入ると、帝国主義対社会主義という二元論にもとづいた戦争の概念に代わって、世界を三つに分けた三元論的国際秩序思想が有力になる。特に影響のあったのは一九七四年に鄧小平が国連で行なった演説であるが、彼はその中で第一世界（米ソ）、第二世界（経済的発達国）、第三世界（発展途上国）に分け、第三世界（中国も含め）が「歴史の車輪を推進する革命的原動力」だと主張した。その意味では、戦争や平和の問題も第三世界の動向と関連して論じられなければならないわけである。第一及び第二世界が第三世界における革命的闘争にどう対応していくかが重要な要素となる。

この場合、中国は積極的に第三世界における「人民戦争」を支援し、武装闘争によって既存の国際秩序を破壊すべきだという、いわゆる造反外交を推進するか、あるいはもっと平和的な手段で第三世界の利益を増進するかによって、戦争と平和への視角も変わってくる。文化大革命時代の一時期には前者の見方が有力であったが、一九七〇年代には次第に後者、すなわち国際連合等の機関や正式の外交関係を通じて、発展途上国全体の発言力増大に努めるという姿勢が明らかになる。それまでは闘争とか革命とかいった言葉が中国指導者によって対外問題にかんし頻繁に使われたが、一九七〇年代後半になると「国際環境」の「安定」を求める発言が多くなるのもその一つの表われである。しかし第三世界論そのものは放棄されず、中国を発展途上国のスポークスマンと規定し、その点で米国ともソ連とも一線を画す姿勢は維持される。

このように、一九六〇年代から一九七〇年代にかけて、発展途上国の動静が世界の戦争と平和の問題に密接な関連を持つことが各国で認識されるのであるが、ヴェトナム戦争に対する米国、ソ連、中国等の見方の違いも根本的にはここに由来していたといえる。もちろん権力政治的な思惑や水面下での外交上のかけ引き等も重要であったが、少なくとも戦争・平和の概念の流れの中で見た場合、米国はこれを冷戦の枠組でとらえ、ソ連は植民地解放闘争の概念、中国は第三世界の変革といった思想にもとづいた対応をしていたといえる。

もっとも米国においては、この戦争を単に対ソ・対中国冷戦の一部としてにとどまらず、前述した「国づくり」ないし「自由主義的発展論」の概念でとらえる動きもあった。南ヴェトナムの国づくりを助成し、将来は北ヴェトナムも含め、インドシナ半島における経済発達を推進するよう、米国は協力する用意がある、とはしばしば言明されたことである。ただこの場合南ヴェトナムの独立を「国づくり」の前提としていたために、結局この計画は挫折してしまうのであるが、より重要なのは、ヴェトナム戦争の結果「自由主義的発展論」そのものについても米国で懐疑ないし批判が高まることであろう。

一九六六年、上院で開かれたヴェトナム戦争についての公聴会で、ラスク国務長官（Dean Rusk）は「共産主義者は民族解放戦争なる名の下に革命を推進しているのに対し、我々はもっと我々の経験に則し、世界各地の一般男女の願望をかなえられるような革命を考えている。米国の偉大な革命の伝統と、中国の独裁政権に支配され、自由主義とは全く関係のない革命との間には何ら共通点がないのである」と述べた。アメリカ側の見方を鮮明に示すものだといえる。民族解放戦争に対し、米国は自らの歴史にもとづいた、自由主義的革命を標榜して戦うというのである。しかし後者が敗退を余儀なくされる結果、自由主義的発展論に裏づけられた戦争・平和観にも傷がついてしまうことは避けられなかった。

二　新国際経済秩序から新冷戦へ

一九七〇年、全米各地の大学キャンパスで反戦運動が高まると、ニクソン大統領（Richard Nixon）

は学識経験者から成る特別委員会を任命して調査、報告させるが、この委員会の報告は大変示唆に富んでいる。例えば「平和」なる言葉が政府と学生とでは違う解釈をされていること。学生にとって平和とは「殺戮を直ちに停止すること」に他ならないが、政府にとって平和は南ヴェトナムの自治を確保する「正義」の平和でなければならない。そのためには戦闘の続行が不可欠である。そして戦争を続けてこそ「国の名誉」が維持されるのだと大統領は信じているが、多くの学生はヴェトナム戦争のために国の威信や理想が損なわれてしまったと考えている。平和を直ちに回復してこそ、米国は名誉を取り戻すことができるのだというのである。

戦争と平和について、このように相反する見解が衝突したのは、ヴェトナム戦争の衝撃を如実に物語っていた。もはや政府と学生（及び民間の反戦論者）との間に共通の概念は失われてしまったかのようであった。平和と正義のための戦争、あるいは国づくりを助けるための戦争という概念と、ヴェトナムのみならず米国における自由や民主主義を破壊しかねない戦争という見方の間には根本的な対立があり、国際秩序の安定こそ平和への道だとする考えと、平和はまず米国国内に回復されるべきだとする反戦派の主張との距たりも大きかった。

このような動向が、上述した米ソ間デタントの意識とからみあって、一九七〇年代はまた新たな戦争・平和論を展開させることになる。少なくともその可能性はあったのであるが、思想的な混迷は長続きをしたといった方がよいかも知れない。

ヴェトナム戦争が米軍の撤退によって正式に終結した一九七五年の時点で、その二年前にキッシンジャーが提起した問題――平和とは何なのかを新たに定義すること――について、世界的な立場で真剣な討論がなされるべきであったろう。米ソ首脳部が冷戦の終りを語り、アジアの局地戦争にも終止符が打たれた一九七〇年代こそ、新たな国際秩序の概念を作り出すべき絶好の機会であったろう。たまたまこの年に開かれたヘルシンキ会議は、その点では歴史的な意味を持っていた。この会議には欧米の三五ヵ国が出席、「平和、安全保障、正義、協力」への貢献を唱った宣言を採択した。具体的には主権尊重、武力不行使、国境不可侵、領土保全、紛争の平和的解決、内政不干渉、人権と基本的自由の尊重、諸国民の平等と自治権、国家間の協力、国際法上の義務の遵守――以上の十原則が確認された。新しい国際秩序の原則を樹立したものといえる。

この宣言が欧米諸国の協約を示すものだったのに対し、やはり一九七五年にフランスのランブイエで開かれた先進六ヵ国の経済会議は、日本も含め世界の経済大国が協調して国際通貨・為替相場制度の安定化を図り、エネルギー資源を確保するとともに、発展途上国への援助を拡大する、といった方針を採択した。さらに同年の国連特別総会では「開発と国際協力」問題がとり上げられ、年末には先進国、石油産出国、それ以外の発展途上国から二七ヵ国が参加した「国際経済協力会議」がパリで開かれた。

このような多岐にわたる国際会議を通して、各国間の協力によって新しく平和を定義しようとする試みがなされたことは特筆に値する。もっとも各種の会議で採択された原則の大部分は伝統的な理念だったともいえるが、少なくとも一九七五年の時点で世界の各国が、従来の冷戦構造や帝国主義対民族解放闘争といった枠組を越えて、より安定した秩序の編成に向けての努力を始めたことは意義深い。特に強調されるべきなのは米ソ間、先進国間、あるいは南北諸国間での話し合いや協力の精神が尊重されたことであろう。東と西、あるいは北と南に分裂していた世界に代わって、グローバル・コミュニティ、すなわち地球全体を一つの共同体と見る動きが出始めたといってよい。

その意味では、欧米の一部、特に一九二〇年代以降米国に強かった国際主義的平和観が、漸く一般化する兆しを見せていたのだといえるかも知れない。武力よりは経済交流、対立よりは協調、そして国家権力よりは民衆の自由意志にもとづいた国際関係、これらこそ平和の条件であるとする見方が定着し始めたかの観があった。一九七六年に建国二百年を迎えた米国にとって、これは満足すべきことであったろう。

皮肉なことに、この頃を境として、国際関係は再び対立の道へ逆戻りしてしまう。一九七〇年代後半から一九八〇年代を通じて、協調よりは対決が米ソ関係を特徴づけ、冷戦時代への回帰がいわれ、第三世界で局地戦争が発生し、新しいタイプの戦争としてのテロリズムが激化する。一九七五年当時の希望は瞬時の夢に過ぎなかったかのような印象を与える。そして権力主義や現実主義が復権する。

このような傾向を理解するためには、長期的な視野が必要であり、現在の段階はまだ同じ流れの中にいるから、的確な評価を与えることは不可能である。しかしながら、戦争・平和論議の歴史の中でとらえた場合、一九七〇年代後半以降が思想的混迷、悲観主義、あるいは伝統的な国家主義によって特徴づけられていることは否定できない。

第一に、米国における思想的混迷は、ヴェトナム戦争を通じての自信の喪失とつながっている。これは根本的には自国の軍事力や経済力に対する自信の喪失というよりは、楽観的な国際秩序論や対外意識の弱まりというべきかも知れない。米国が他国の模範であり得、全世界で国づくりを助成できるのだとする自由主義的発展論が挫折し、自国の影響し得ること、なし得ることは、もっと限られているのだという悲観論にとって代わられる。

この悲観論は国際政治学者の論議の中によく見ることができる。すでに一九七三年、パケナム(Robert Packenham)は『自由主義国家アメリカと第三世界』(*Liberal America and the Third World*)の中で、戦後米国の対外政策を支えた自由主義的発展論が、ヨーロッパや日本以外では成功を収めず、あまりにも楽観的な見方であったことを指摘していたが、かつてジョンソン政権下の唯一の「ハト派」だった前国務次官ボール(George Ball)も、彼の回顧録(*The Past Has Another Pattern*)の中で、国づくりを育成するといった仕事は所詮アメリカの手に負えないことなのだと指摘した。またホフマン(Stanley Hoffman)やクラズナー(**Stephen Krasner**)等も、戦後米国が支配してきた国際秩序が変形しつつあること、そして米国指導型の秩序に代わる何物かを作り出す必要があることを指摘した。特にクラズナーの「ヘゲモニー論」によれば、一九四五年以降米国の圧倒的な軍事力経済力を背景として維持されてきた秩序(hegemonic stability)は、一九七〇年代に入って終りを告げ、米国の思想的指導性も低下しつつある。したがって今後米国は従来と比べ国益優先主義をとり、国際社会全体についての関心を低くしていくであろう、というのである。

そういった見方は現実主義につながるが、一九五〇年代の現実主義が国際政治や経済全般を見すえてのものだったのとは対照的に、一九七〇年代から一九八〇年代にかけては、米国の軍事力が重要視され、同時に保護貿易や資源ナショナリズムが台頭する。したがって新現実主義ともいわれるべきこの流れは、世界全体よりは自国の利害を中心とし、国際秩序の維持は他国にまかせる、あるいは他国の力を借りて行なう、といった姿勢を作り出すのである。

対ソ関係においても、平和共存やデタントを支えた意識、すなわち両国は政治社会体制の相違にもかかわらず共通の利益や夢を持っているといった考えに代わって、二国間の相違が再び強調され、力のレベルでの比較がなされて、ソ連軍事力の増強に対する危機感が高まる。ヘルシンキ宣言とは裏腹に、ソ連における人権の抑圧、対外侵略、軍備の拡張が強調され、米国も自らの軍事力を充実する以外の道はないと信じられるようになるのである。ヴェトナム戦争当時の反戦論者の多くが、対ソ関係では強硬路線を支持するのは象徴的であった。米ソ間の平和も、ヘルシンキ宣言にあったような理想主義的な原則を両者が確認することによって維持されるのではなく、もともとソ連はそのような理念を実行する意志がないのだから、力のバランスによってのみ保ち得るのだとされる。

ここに見られるのは米ソ関係についての悲観論であるが、同時にそれは国際社会の多元化、多様性の認識を反映するものでもあったといえる。もとよりこの現象は最近に始まったものではないが、ヴェトナム戦争や中近東石油産出国の作り出した石油ショック等を経て、第三世界の特異性が特に意識されるようになるのである。それまでの普遍的（と信じられていた）自由主義的発展論の枠組では理解し得ない、諸民族の独自性、多様性が目立っていく。イラン等における宗教的原理主義（ファンダメンタリズム）の台頭がこの傾向に拍車をかけることになる。すべての社会は近代化、特に欧米風の近代化を志向するものだという概念に代わって、宗教や社会組織における特質は簡単に変化するものではなく、あらゆる国が同じ方向に収斂するという、いわゆるコンヴァージェンスの歴史観も影を薄める。米国はそのように異なった国ぐにの運命を予測することも、ましてや影響を与えることもできないし、唯一可能なのは多様性を認めた上で、政治や文化の異なる諸国と共存することだ、という現実論が強まるのである。

かつての楽観主義に比べて、これは多分に悲観的な見方であり、米国の平和観に思想的基盤を与えていた自由主義や国際主義、さらにはスペンサーまでさかのぼる歴史観の限界が認識されたのを反映していたともいえる。学者や評論家の間でリベラリズムの影響力が低下し、近代化論や発展段階論が批判され、人類学的思考様式ともいえる風潮――歴史を流れとしてではなく、静止した次元でその内在的な文化を見つめる――が強まったのも偶然ではなかった。

そのような状態にあって、米国や同盟国のなし得ることは限られており、究極的には自らの利害を追求する以外になく、その場合にも思想や文化の力によるよりは、軍事力を手段とする方が効果的だという考え方が顕著になるのである。一九七〇年代から一九八〇年代にかけての権力主義的思想の復権は、このような背景をもととしている。国際関係を規定するのは所詮力、特に軍事力だという見方が、かつてヴェトナム戦争に反対した人達の間でも拡まっていったのも、同じ悲観論の表われであろう。

現代の戦争・平和論議も、そういった動きの中で展開されている。一九七五年頃まで強かった国際協調主義や冷戦終結論に代わって、国家利益や軍事力を重要視する風潮が、戦争や平和の考えにも当然反映される。米ソ間の関係にしても、先進国と発展途上国の間の関係にしても、現代に支配的なのは理想主義や楽観主義ではなく、スケールの小さい、きわめて現実的なものである。

米ソ関係においては、デタントや協調よりは「危機管理」が重要視される。両大国間の根本的対立は前提とし、しかもこの対立が大規模な戦争へと導かぬよう、「管理」の体制を整えることと位しか、なし得ることはなく、したがって米ソ間の平和とは危機回避のことだということになる。

先進国と第三世界の関係においても、十年前と比べると理想主義的な面が弱まり、力を通してのつながりが前面に押し出されてきたかの感がある。イランによる米国大使館占拠や、米国による実力行使（これは失敗に終ったが）、英国とアルゼンチンの衝突、あるいは米国によるニカラグワ反政府軍への支援等はその例である。しかし最も典型的な例は第三世界の一部の国によるテロリズムと、これに対する米国の武力的対応であろう。

テロリズムを如何に解釈するにせよ、それが戦争と平和の論議に深刻な影響を与えるものであることは明らかである。パレスチナ解放機構（PLO）やリビア等によるテロ行為は、イスラエル、米国、ないしその他先進諸国との半恒久的戦争の状態を想定している。パレスチナを取り戻すため、あるいは中近東から帝国主義勢力を駆逐するために、アラブ諸国が戦闘状態に入っているのだとしたら、テロ行為もその戦争の一手段に過ぎない。したがって、戦争の目標が達成されるまで、テロリズムは止まないということになる。

一方欧米諸国や日本にとって、テロリズムは国際秩序に対する挑戦であり、力を以てしてもこれを抑止しなければならないとされる。従来の戦争とは違ったタイプの戦闘状態が生じたことは、彼等も認めている。一九八六年四月、米国がリビアを爆撃した時、レーガン大統領（Ronald Reagan）は、「今回の爆撃は、テロリズムに対する長い戦い（battle）の始まりに過ぎず、この闘い（struggle）は地球からテロリズムのなくなるまで、続けられるであろう」と述べた。戦争（war）という言葉こそ使わなかったが、新しい型の戦争が発生したのだという認識は明らかである。事実ある下院議員は、「我々は今や新しい戦争――テロリスト戦争に突入したのだ」と言っていた。一方ソ連は米国の武力行使を非難し、これは「地域的紛争を触発させ、対立関係を永続化させて戦争の危機を作るものだ」とした。局地戦争論の考えが依然ソ連の思考の一端を支えていることを示している。

テロリズムの発生やこれに対する報復は、世界の平和にどう影響するであろうか。米国によるリビア爆撃の折り、インドの首相はこれを批判して、米国の軍事行為は「地域的安定と国際平和を深刻な危機にさらすものだ」と言明した。テロリズムに対し武力で報復することは戦闘状態を作ることになるというのであるが、それではテロリズムそのものは戦争行為にならないのか、については明確な見方は示さなかった。

今や世界は米ソ間の核戦争、あるいはカンボジア戦争やイラン・イラク戦争のような国家間の局地戦争に加えて、突発的非集団的な暴力の行使、そしてそれに対する報復といった、新しい戦争の可能性を考慮しなければならなくなっている。第一、第二の戦争に比べて、第三の戦争は従来の戦争の概念ではつかみにくいだけに、これへの対応についても思想的混迷が続くものと思われる。

要するに、一九七〇年代中葉から今日にかけて、国家エゴや兵力至上主義が再び勢力を増し、テロという新型の暴力とあいまって、平和理念の形成をそれだけ難しくしているかのようである。

第九章　非政府組織と国際社会

一　冷戦の終結

前章の終わりに、一九七〇年代中葉から一九八〇年代に至るまで、一方では国家エゴ、他方ではテロリズムが国際秩序を不安定なものとしていると述べたが、この状態は一九九〇年代になっても変わっていない。二十世紀が二十一世紀になろうとする現代の世界は、その意味では百年前と本質的に同じ性格を持っているのだともいえる。

このことは一九八九年前後の、いわゆる冷戦の終結によっても変わるものではない。よく一般に、冷戦後の世界はそれまでとは異質のものだという議論がなされるが、国家間の戦争と平和という枠組の中でとらえれば、それほど根本的な変化があったとはいえないのである。第七章でも触れたように、米ソ冷戦の本質は二大国間の対立であり、その中心的概念は国際関係における軍事力の重要性であった。「限定戦争」論にせよ「平和共存」論にせよ、いずれも核大国間の軍事力のバランスを前提としたものであり、その点では戦争も平和も「現実主義」的に定義され得るものであった。

したがって冷戦の終結とは要するに米ソ間のバランスが崩れ、米国が圧倒的優位に立って「唯一の超大国」となったことを指すのであり、一方ソ連は冷戦に負けてしまうのみならず、連邦国家として存続することさえできず、いくつかの国家に分裂してしまう。そして米国側の同盟諸国、特に北大西洋条約諸国が結束を重ねていくのに対し、ソ連側の同盟は崩壊、かつての同盟国の一部は、やがてはNATO陣営に参加すらするようになるのである。

このような一連の出来事が、現代国際政治史上に重要な意味を持っていることは明らかだが、それと国際社会の本質がどう変わったかということとは別の問題である。すなわち、戦争と同じように、冷戦で一方が勝利をおさめ、他方が敗北したからといって、それがそのまま国際関係の本質や枠組まで変わったことを意味するものではない。そうなるためには、もっと他の点でも変化がなければならないからである。

第一章の初めに記したように、戦争とは要するに国家間の争いであるとすれば、複数の国家が存在する以上、戦争の可能性も常にあることになる。それはある国が世界唯一の超大国になったからといって変わるものではない。冷戦後、米ソ間の戦争の危険が消滅した代わりにそれ以外の国による局地戦争の可能性が増大したといわれるが、すでに見たように、冷戦期にあっても色々な規模の紛争、特に第三世界の戦争は跡を絶たなかったのであり、その点では冷戦終結によって国際関係の性格が変質したのだとはいいえない。

国際関係の歴史は「大国の興亡」の歴史だという本がポール・ケネディ（Paul Kennedy）によって一九八七年、すなわち冷戦終結の直前に出版されて日本でも評判になったが、ここに見られるのは伝統的な国際関係論であり、主権国家同士が力のレベルでお互いとかかわり合っている以上、そのうちいくつかが大国となり、さらに超大国となろうとするのもいわば当然の成り行きである。しかし力の関係は常に変転するものであり、今日の大国が明日はその地位を失う、あるいは昨日までは弱小国家だったものがある段階で力をつけ、大国に挑戦するようになる例は枚挙に暇がない。ケネディの『大国の興亡』（*The Rise and Fall of the Great Powers*）は、米国とても例外ではなく、超大国であるが故に世界各地に勢力を扶植する結果、やがてはその負担が重なって覇権的地位を失うことになるかも知れないと論じていたが、実際には冷戦が米国の勝利によって終結し、著者の予言は外れてしまった。しかし米国の次に大国の地位を狙うのは日本だとか、中国だとかいった議論がその後なされてきたことを見ると、国際問題についての根本的な視角にはそう変わりはないように思えるのである。

同じことは冷戦後の平和論についてもいえる。米国のブッシュ大統領（George Bush）は、米ソ冷戦が終わったと宣言した一九九〇年に、これからは「新国際秩序」の時代になるのだと述べたが、彼が考えていた新秩序なるものも、根本的には地政学的なもの、つまり米国及びその他の大国が如何にして世界の秩序を維持するかという問題意識を出るものではなく、その点では、キッシンジャー元国務長官が一九九四年に出版した『外交』（*Diplomacy*）の中で、これからの世界の平和は、如何にして米国がヨーロッパ、日本、中国等とのバランスを保っていけるかにかかっている、と記したのと変わりはなかった。いずれの場合も、力のバランスとしての平和という、伝統的な見方を超えるものではなかったのである。

二　国際テロの登場

一九七〇年代以降、国際秩序を頻繁に脅かすようになったテロ集団の活動も、それ自体は目新しい現象ではなく、国際政治史上伝統的なものだった。第一次世界大戦勃発の直接の原因が、セルビアのテロリストによるオーストリア皇太子の暗殺事件だったことを想起するまでもなく、国際関係にあってテロ行為が時として決定的な役割を果たしてきたことは明らかである。しかしそれが最近二、三十年程注目されてきたことはなかったのも事実である。その根本的な理由の一つは、第二次世界大戦後多くの独立国家が出現し、その中には政情が不安定で対立する各派が武力に訴えることがあり、しかも近接国から援助を受ける場合も少なくなかったことである。国づくりの過程にあって、特に国内に複数の人種や宗教に属する人達がいる場合には、平等な市民として認められなかった、あるいは認められないと信じた者がしばしばテロ活動に従事したことは、パレスティナにおけるアラブの過激派や、セイロン（スリランカ）におけるタミール人の例が示している。また以前から存在していた国の場合にも、人種、宗教、言語等のマイノリティ（少数派）が人権、自由、民主主義といった、第二次大戦後に国際連合憲章等によって普及していった概念の下に武力をもって立ち上がるようになったことも想起すべきである。

さらに、米ソ間の関係が曲りなりにも緊張緩和に向かい始めた一九七〇年代に入ると、核大国の思惑では何ともならない地域問題が続出し、テロ・グループが大規模な活動を始めるようになるという面もあった。冷戦という国際政治の枠組が緩んでくると、米国やソ連の勢力範囲内でも、その他の地域でも、超大国の力に公然と挑戦する動きが出てくる。前章で触れたリビアの反米テロはその一例である。そのような事態にあって、国際テロに対応し得るのは実は米国でもソ連でもなく、国連ないしは世界各地の地域連合体であるはずだったが、なかなかそういった国際機構が機能しなかったという事情もある。

いずれにせよ、テロのグループのいくつかが、戦争のリスクを冒してすら実力行使に訴えて自分達の権利を主張してきたということは、冷戦後の世界にあっても彼等の活動が国際関係の一面を形成しているということであり、その点では冷戦後の平和をどうとらえるかという問題は従来と本質的な違いはないということになる。平和とはテロのない事態だとすれば、それでは如何にしてテロをなくすようにすべきか、そしてテロリストによる暴力行為のあった場合には、どの国、あるいはどの国際機構がこれに対処すべきかという問題は依然として存在している。

しかしテロという現象には別の面もある。国際社会が国家の集団で成り立っている世界においてテロが頻発するということは、現存国家への挑戦だけではなく、国家以外にも国際情勢を左右する存在があるということを示している。そして一九七〇年代以降の一つの特徴は、テロも含めて、国家以外の組織や団体、いわゆるノン・ステート・アクター（non-state actors）が影響力を増してきたことである。それは換言すれば、従来に比べて国際関係において（さらには国内政治においても）、国家の占める度合いや果たす役割が低減し始めたということである。どうしてそうなったのかは興味ある問題であるが、ここでは詳細に論ずることはできない。しかし、大きくなり過ぎた政府機構に対する反発とか、各種の疑惑、汚職、スキャンダル等による政治家への信頼感の低下とか、政府レベルでは容易に処理しきれない問題（例えば環境汚染）が続出したこととかがその背景にあったことは、いくつかの研究が示唆している。そのような状態にあって、一方ではテロあるいは麻薬等をめぐる国際密輸団や海賊の活動が活発となり、他方もっと建設的なノン・ステート・アクターも世界各地で積極的な活躍をするようになったのも不思議ではない。その中でも特に著しい働きを見せたのはいわゆる非政府組織、NGO（non-governmental organizations）である。

三　NGOの働き

ここで節を新たにしてNGOについて多少説明することにする。というのも、一九七〇年代以降の世界の平和を論ずる場合、NGOの台頭は最も重要な要素の一つだといえるからである。ここでいうNGOとは、非政府であると同時に非営利的組織、そして宗教活動に従事する教会等とも区別し、武装もしていない集団を指すものとする。さらにその中で、国内を中心に活動するのではなく、国境を超えて活躍する国際的（インターナショナル）なNGO、すなわちINGOに焦点をあててみたい。INGOが量的にも質的にも飛躍的な発展をするのも一九七〇年代に入ってからのことだったからである。

INGOそのものの歴史は古い。十九世紀後半にはすでに国際赤十字等が設立されており、小規模な国際組織、例えば歴史学者の団体とかエスペラントを普及させるために作られた協会等を数えれば、第一次大戦前夜にはすでに百以上のINGOが存在していた。その数は第一次大戦後さらに増加し、一九三〇年には三百を超えていた。第二次大戦後も発展を続け、一九六〇年代になると、千以上のINGOが数えられるようになる。学問や文化の交流を図ろうとする、従来多数存在していたINGOに加えて、戦争罹災者や避難民を助けるといった、人道的活動に従事する団体が多くなったからである。

しかしINGOの数は一九七〇年代になって幾何級数的といってもよいほど増大する。一九八〇年には三千以上、その十年後には一万以上になったという統計もある。そしてINGOの各国の支部を含んだ総数は、一九九〇年代初頭には二、三万を下らないといわれた。僅か三、四十年の間に、INGOの数は二、三十倍になったわけである。これは極めて興味ある現象で、特に冷戦後の国際秩序を考える場合、無視することはできない。世界の平和や繁栄はNGOやINGOの活動と密接な繋がりを持つようになるからである。

何故一九七〇年代に入ってINGOの飛躍的発展があったのか。簡単にいえば時代の要求があったからである。あるいは時代の要求に既存国家や政府が十分対処し得なかったからだといえるかも知れない。一つには、発展途上国に対する援助が、国家を通じてのもの、いわゆる政府開発援助（ODA, official developmental assistance）だけでは不十分だとされたことがある。一九六〇年代とは対照的に、一九七〇年代には国際経済が低迷し、殊に石油資源を持たない低開発諸国はオイル・ショックによって大打撃を受けた。しかも人口は増加する一方で、アフリカやラテンアメリカの中には生活水準が低下し、飢餓の一歩寸前の状態に落ち込む国も出現する。この事態に対応して、米国、イギリス、フランス、ドイツ等では教会その他の民間団体で海外開発援助を促進する組織が急増するのである。アフリカ援助を目標とした国際組織、アフリケアー（Africare）はその好例である。またいわゆる第三世界における天災・人災から一般民衆を救うため、従来の救済団体以外にも新たに多くの組織が作られる。「国境なき医師団」（Médicines sans frontières）はその中でも最も有名であるが、この組織がパリに設立されたのが一九七一年だったことに注目したい。すなわち、今までの人道的慈善団体だけでは対処し得ないほどの問題（火山噴火、地震、疫病等）が地球各地に発生していると判断され、そのような問題に効果的に対応するためには国家機構にとらわれず、いつでも出張できるような用意をしておくことが必要だとされたわけで、既存の政府や国際機構とは無関係に行動しようとした点で、極めて新しいタイプのNGOだった。それはすぐ各国でも同調者を得て、数年のうちに世界有数のINGOとして活躍するのである。その名前が示す通り、国境を超え、あるいは無視してまでも、人道的な活動を行う。それは国際社会に新しい秩序が生まれつつあることを示すものであった。

一九七〇年代に活発になったもう一つのＩＮＧＯは環境問題に関してのものである。それは一つにはオイル・ショックを契機として石油に代わるエネルギー源として、原子力を利用した発電施設が普及し始めると同時に、放射能の大気や水への汚染についての関心が高まったことを反映しており、また同時に、一九六〇年代の高度成長期が終わった時点で、無制限の経済発達についての反省が生まれたこととも関連していた。一九七三年に発表された、いわゆる「ローマクラブ」（The Club of Rome）の報告書でも指摘されたように、世界中が従来のような経済成長を続ければ、地球資源が枯渇してしまうと同時に、やがては大気や海水、湖水、河水等が汚染し、人類の生息することは困難になってしまうであろう、という考えが切実なものとして提起される。しかも人間のみならず、動植物の生存も危ぶまれるようになる。豊かになった、あるいは豊かになろうとした人間が、今までよりももっと鯨を捕獲したり、象牙を求めたり、希少植物を採取したりする結果、地球の生態系、いわゆるエコシステムが乱れ、その結果人間の暮らしすらも打撃を受けてしまうことになるであろうという考えが広まっていく。

このような、いわば環境主義とも呼び得る流れは各国で見られ、国や地方の政府レベルで対策をとるものも少なくなかった。また環境問題に関する国際会議も頻繁に開かれるようになる。一九七二年にストックホルムで開催された世界環境会議は、その種のものとしては歴史上初めてのものだったが、それ以外にも、例えば象牙の禁輸や捕鯨の禁止についての国際会議が次々に開かれ、具体的な成果も見られるのである。しかしながら、環境問題を最も積極的に推進したのは各国のＮＧＯ、そして国境を超えて組織されたＩＮＧＯであった。環境問題に専念したＩＮＧＯは一九七〇年以前には二、三しか存在していなかったが、その後三十年足らずの間に三十近くに増えていった。この事実が示しているのは、国家や国際機構の役割はもとより重要だが、環境問題のように、安全保障や貿易などと違って「国益」と簡単に結びつかない、あるいは結びついてもなかなか為政者の関心の対象にならないものについては、市民団体の役割が極めて重要になるということである。

同じことは人権問題に関するＩＮＧＯについてもいえる。人権の尊重は、早くから国際連合が唱えていた課題で、国連人権委員会も第二次大戦後すぐ設立されていた。そして一九五〇年代から一九六〇年代にかけて、各種の人権保護を目的とした数十のＩＮＧＯが組織された。しかし人権関係のＩＮＧＯが飛躍的に発展するのは、環境ＩＮＧＯと同じく、一九七〇年代に入ってからである。例えば各国における避難民や囚人の置かれた状態を調べ、彼等の人権が侵害されないように世論の啓発に努めるアムネスティ・インターナショナル（Amnesty International）が発足したのは一九六一年だったが、この組織の役割が広く認められ、その結果影響力を増していくのは、一九七三年にノーベル平和賞を受賞してからである。それと前後して人権監視機構（Human Rights Watch）その他、大小多くの団体が作られ、世界各地で活動し始める。

何故一九七〇年代に入って人権関係のＩＮＧＯが激増したのかは、環境ＩＮＧＯについてと同じく、興味ある問題であるが、根本的には、当時の世界及び国際社会がそれを求めていたからだといえよう。すなわち、一方では社会主義国の中で市民社会が育ち始め、他方民主主義国家にあっても、女性、マイノリティ、障害者等が自分達の権利を主張するようになる。そのいずれもこの時期に始まったものではなかったが、そのような運動が国際的なものとなった背景には、米ソ関係の緊張緩和や、エネルギー問題等を通して地球の一体感（地球市民とか「宇宙船地球号」（planet earth）という言葉が使われるようになっていた）が生じていたことなどがある。世界に住むすべての者は国境を超えて運命共同体を形成しているのであり、その中で女性とか障害者とかが差別待遇を受けることは間違っている、という認識が一般的になるのである。国と国の間の対立が以前同様厳しいものであっても、別のレベルではすべての国の女性とかマイノリティとか障害者とかは同じ問題をかかえ、同じ目標を持っているのだ、という考えがその根底にある。したがって国際秩序も主権国家によって作られるだけではなく、共通の関心事を持った人々や彼等の組織、すなわちＩＮＧＯによっても作られ得るものだ、という理想が意識され始めていたのだといえる。いわゆるＮＧＯフォーラム、すなわち各国のＮＧＯの集まりがその後頻繁となり、国際会議や国連の会合等で必ずといって良いほどＮＧＯやＩＮＧＯの代表者が発言権を持つようになっていったのも偶然ではない。

四　文化の多様性と国際秩序

ＮＧＯやＩＮＧＯの活躍は文化交流の分野でも見られた。第四章で触れたように、知的協力や文化交流を通じて平和な世界を築いていく、という文化的国際主義は一九二〇年代に力強く推進されるのであるが、その後第二次大戦を経て冷戦時代にかけて現実主義的国際関係論が有力となると、文化は軽視されるか、あるいは軍事力の後盾としてのみの意味しか持たされなくなる傾向があった。実際には、冷戦の最中ですら文化交流が続けられたことは第七章に記した通りであるが、その多くが資本主義陣営内、あるいは社会主義陣営内のものであったことは否定できない。

国際関係における文化の役割が新たに理解され、積極的に推進されるようになるのは一九六〇年代後半から一九七〇年代に入ってからのことである。この時期になると、東西間、例えばNATO諸国とソ連、あるいは米国と中国との間の交流が図られるようになる。それは単にデタントの一部だったのみならず、そのような交流が国家間の関係の正常化に寄与するものだと見られたからである。同時にまた、次第に影響力を増してきた第三世界との接触を深め、相互理解を高めるためにも、文化レベルでの繋がりが必要だと信じられるようになる。さらには、いわゆる「一九六八年世代」という言葉に象徴されるような、欧米諸国における新しい世代の文化意識や運動が、冷戦的思考からの解放を唱えて、中国やアフリカの政治思想や伝統文化に関心を高めていったことも想起すべきである。このような要素が重なり合って、国際関係における文化の役割が再び強調されるようになるのが、一九七〇年代以降の大きな特徴である。

しかしこの場合にもまた、NGOやINGOの役割を無視することはできない。広い意味での文化交流に携わる非政府組織の数は、常に全体の五割以上を占めていたし、この状態は一九七〇年代になって環境や人権に関するNGO、INGOが激増しても変わりはなかった。ただ新しい時代の文化交流団体の一つの特徴は、その多くが西洋と非西洋との対話を試みようとしたことで、冷戦における両陣営間、あるいは先進諸国間の交流のみならず、欧米（さらには日本）とアジア、アフリカ、中近東等の諸国との相互理解を促進しようとした。一方第三世界の国々も今までよりはもっと積極的に文化交流を図ろうとした。ユネスコ等はすでに一九五〇年代から東西文明の相互理解を図る国際会議を催したり、世界文明史を編纂したりして欧米と非西洋世界との知的協力を促進していたが、そのようなプロジェクトの大部分は依然としてヨーロッパ、アメリカ、あるいは日本等のイニシアティヴによるものだった。ところが一九七〇年代に入ると、非西洋の諸国のインプットが重要になってくる。

その背景には、この時代になって国連等での第三世界の発言力が増していたこと、あるいは欧米諸国の間でも発展途上国や異文化への関心が高まっていたことがある。その結果、文化交流活動においても、もっと非西洋の世界の伝統を尊重し、その視野を取り入れようとする努力が必要だとされるようになる。西洋文明の普遍性を前提とする文化交流ではなく、文化の多様性（cultural diversity）を認識した上でのものが推進されなければならない、という見方である。文化的多様性という言葉はこの時から一般化するが、ある一つの文明を特別視する代わりに、すべての文明を相対化してとらえるべきだという考えを表していた。この見方を突き詰めていくと、国際秩序も文化的多様性の上に築かれなければならない、ということになる。

ところが実際にはそう簡単に割り切れるものではなく、一方では多様性が認識されながら、他方では欧米の価値観や生活様式が依然として世界各地で影響力を持ち続けるために、文化の多様性と価値観の普遍性をどう調和させていくべきか、という問題が生ずることになる。これもこの時代、つまり一九七〇年代から今日に至るまでの大きな課題である。しかしこのような問題を解決するためにも、異文化間の対話（ダイアローグ）が益々大切になっていくのである。例えば英文学者のサイード（Edward Said）が「オリエンタリズム」（Orientalism）という概念を使って、オリエントとか東方とかいう考えはもともとヨーロッパ人が自分達と「他者」とを区別するために作り上げたものであり、それがアジア人に押し付けられた結果、後者も自らを東洋として意識するようになったのだ、と説明したが、そのような解釈を真剣に受け止め、それへの対応を探ろうとする雰囲気が欧米にも出来上がっていた。そのようなこともあって、アジアとヨーロッパ、あるいはアフリカとアメリカの知的対話も積極的に推進されるのである。多様性と普遍性という根本課題はこれからも国際関係の重要なテーマとして存続するであろう。

文化的国際主義には、そのような知的レベルでの対話のみならず、もっと現実的な問題を解決するために各国の指導者あるいは普通の人々が意見を交換する、という面もあり、この点でも一九七〇年代以降には多くの進展が見られた。例えば日本と韓国との間の関係を改善するために、両国の歴史学者が共同で過去を再検討する試みが続けられているが、かつて敵対関係にあった国が協力して歴史を見直し、共通の歴史観（shared memory）を持ち得るかどうか検討することは相互理解の促進のために非常に重要である。あるいはまた、イスラエルとパレスティナ解放機構（PLO）に属する知識人が非公式に対話を続け、それが一九九〇年代の両者間の「和平プロセス」に貢献したことはよく知られている。最近ではいわゆる「第二トラック」すなわち知識人に加えて政治家や官僚も個人の資格で参加するパターンの対話が広まっているが、そういった試みも含め、各種のコミュニケーションが図られていることは、現代世界の特色であり、従来の文化交流や多様性をめぐる論議も合わせ、新しい形の国際社会が育っていく可能性を示すものである。

終章　グローバル化時代の平和の探求

二十世紀は戦争の世紀だったとよくいわれる。確かにこの百年の間、未曾有の死傷者を出した二つの世界戦争をはじめ、数えきれないほどの局地戦争が戦われ、また冷戦という、表面的には大国間の戦争がなかった時にも、地球上からすべての生命を抹殺してしまうような兵器が開発されていったこと、さらには米ソ冷戦の終結直後に湾岸戦争が勃発したこと等を想起すると、現代史上戦争の占める圧倒的な地位を否定できないのである。そして今世紀が終わりに近づこうという寸前のところで、NATO諸国によるユーゴスラヴィアの空爆があり、それは必ずしも主権国家同士の争いではなくても、国際機構による武力の発動という形の戦争もあり得ることを示唆していた。いずれにせよ、「二十世紀の戦争と平和」というテーマを語る場合、ほとんどすべての時期において戦争が平和に対して優位に立ってきたことは確かである。

しかしまた一方、それだからこそ平和への懸命な努力もなされてきたのであり、実に多くの平和論が展開されてきたことも、二十世紀の特徴の一つであることは、本書が指摘した通りである。十九世紀以来、平和の可能性を信じ、平和の意味付けを怠らなかった多くの人々が存在していたことは、現代の世界において人類の将来についての希望を捨てず、よりよい世界を築くための理念を作ろうとした真剣な努力がなされてきたことを示す。そのような理念や努力が「現実」の前に敗退し、戦争によって抹殺されそうになっても、この現象自体が存在したことは誰も否定できないのである。今日、そして次の世紀の国際社会の平和に思いを馳せる者は、歴史における先駆者の努力をまず認識すべきである。

過去の平和論に多くの種類があったことは、本書の挙げた例が示す通りである。その中で現在特に示唆的なものはどれだろうか。勢力均衡に基づく平和という、地政学的なものか、経済交流を通しての各国間の相互依存による平和か、あるいはまた国際法や国際機構の充実と浸透に頼るべきなのか。それとも文化交流その他の分野における非政府組織の役割に注目すべきなのか。

恐らくこのすべて、そして他の色々な方法を通じての国際秩序への模索が続くことになろう。その結果、世界各地の間に各種の繋がりが出来上がっていくとすれば、その分だけ平和の基盤が強靱になるであろう。

現代の世界を語る場合、グローバル化、グローバリゼーションという言葉がよく使われる。国際経済の波が各国に押し寄せ、国家単位あるいは国レベルでの経済活動を困難にしている状況とか、通信技術の革命的発展(衛星放送、ファクス、電子メール等)によって情報が世界の隅々まで同時に伝えられる現象とかを指しているが、さらにこのような状態が、国境を超えたグローバルな意識を作り出していると見る学者も少なくない。つまり経済、技術等いわばハードの面での全世界的繋がりと、人々の意識や感情といったソフトな面とが重なり合って、グローバリゼーションという現象を作り上げているというのである。

これは非常に重要な見方で、これからの世界の動向を見定める上でも示唆に富んだ枠組を提供してくれる。ただ問題は、戦争と平和という、本書の取り上げた課題を、如何にしてグローバリゼーションというテーマと結びつけていくかである。グローバル化ははたしてより平和な世界をもたらすものなのか。それとも色々な規模での国際紛争をこれまでよりも一層頻繁にさせてしまうのだろうか。あるいは、グローバリゼーションは、前章で述べたような非政府組織の活動を盛んにし、地球レベルでの市民社会の形成を可能にさせるだろうか。そのような多くの問題が存在するのが現代の一特色でもある。

こういった諸問題が示唆するように、一口にグローバリゼーションといっても、それは決して単一的な現象ではなく、いくつかの面を持っている。地球（グローブ）といっても、それは単一の世界というよりは、その中に様々なレベルでのサブ・グローブ、いわばいくつかの「世界」が出来ているのだといえる。そのうちの一つが伝統的な主権国家の「世界」であることは疑う余地がない。自らの主権や国益を主張し、その防衛のためには軍事力の行使もためらわない数多くの国家は、依然として国際関係の中心的存在である。その中のいくつかが集まって作り上げた地域組織、例えばヨーロッパ共同体や、国連をはじめとする多数の国際機構も、主権国家を基にした集合体だという意味では同じ「世界」に属するものだといえる。政治学者の間では、この「世界」を「国家間関係の世界」（interstate world）と呼ぶ者もいる。グローバル化の時代にあっても、このレベルでの「世界」が従来の世界と比べてより平和なものとなるとは限らない。むしろ逆に、地球レベルでの安全保障意識が高まる結果、多数の国を引き込んだ集団防衛体制が成立し、同盟国家が国際秩序維持のために武力を行使する可能性が高まるかも知れない。「周辺地域」をめぐる日米安保の再定義についての論議も、そのような枠組の中でとらえられるべきであろう。

第二に、経済活動が作り上げる「世界」がある。通商、海運、投資、技術移転等によって世界各地が結びつけられ、国際経済と呼び得るものが出来上がったのは、もとより最近のことではない。経済史家フランク（Andre Frank）のように、経済のグローバル化はすでに十五世紀頃から始まっていたと主張する論者もいる。その担い手はヨーロッパ人よりはむしろアラブ人や中国人だとする点でフランクの学説はユニークだが、ヨーロッパ人も非ヨーロッパ人も合わせて、主権国家とは異なる次元でいわば経済によって定義された「世界」を築いてきたことは確かであろう。この「世界」が、通信手段や情報技術の飛躍的な発展によって現代では一層グローバルなものとなっていることも確かである。その結果各国の経済制度や政策の間に共通性が出来上がっていく、あるいは出来上がるようにするのがいわゆる「グローバル・スタンダード」（世界標準）の概念である。第一の、主権国家を基とした「世界」と比べると、経済の「世界」はその意味では遥かに国境を超えた繋がりを強めている。しかしそれだからといってグローバル化した経済活動が必ずしも国際関係に平和をもたらすとは限らないことは、一九八〇年代、一九九〇年代の日米貿易摩擦が示す通りである。国家間の経済的相互依存性が高まれば高まるほど、軋轢や摩擦の発生する度合いが増すであろうとする識者もいる。経済面でのグローバリゼーションは、より成功した富める国と、そうならなかった国とのギャップを広げ、したがって一つではなく、二つの「世界」を作り上げないとも限らない。さらには、中国のWTO（世界貿易機関）加入問題をめぐって米中関係が紛糾したことからも分かるように、グローバル・スタンダードという普遍的な原則の普及は、時としてそれへの反動を引き起こしかねない。グローバリゼーションの流れは必然的にその反対、ローカリゼーション（局地化）の動きを強める傾向すら持っているのである。

このことは第三の「世界」、すなわち広い意味での文化交流によって作られた「世界」についてもいえる。一九二〇年代に顕著となった文化交流は、「一つの国際社会」を築いているように見られた。その当時は、これは一つの理想に終わってしまったが、一九九〇年代にはそのような国際社会の出現する可能性は遥かに高いかに見える。しかしながら、文化面でのグローバリゼーションが情報や知識の浸透、さらには共通した価値観の共有という現象をもたらす一方、それだからなおさらのこと、それへの反動も強くなろうことも認識せざるを得ない。伝統的な文化を国際化の流れから守ろうとするローカリズム、他民族との相違を強調するエッセンシャリズム、一国とその文化を同一視する国粋主義等色々な流れがあるが、いずれもグローバル化に対して別個の生き方を追求する動きである。経済の面においてと同様、グローバルな動きとローカルな動きとはこれからも絡み合いながら進んでいくことになろう。しかし長期的には、文化のグローバリゼーションの勢いが弱まるとすれば、それは文化的ローカリズムや国粋主義のためのみならず、より根本的には、文化とは別のレベルでの「世界」が依然として重要性を保っているからだということになるのではないか。

本書が最初に出版された一九八六年、私は結びの章で「国際交流以外に平和への道はないのではないか」と記した。「国家権力が厳然として存在する以上、国家間の対立を解消することは不可能に近く」、一方「個人の宗派の信条を背景としたテロリズムも止まないであろう」と考えられたからである。そのような状態にあって、「自由意志にもとづく交流を続けること」はかつてないほど重要である、と私は結んだ。そのような考えは今日でも変わっていないが、その後十数年間の国際社会を見ると、当時は想像もつかなかった規模とスピードで、文化的に定義された「世界」が作られてきたように見える。しかしまた同時に、この、いわば「文化の世界」が、上記した「国家の世界」や「経済の世界」よりも優位に立つようになっているともいえないであろう。この三者の並存はこれからも続くであろうし、その結果国際秩序の多面性、多様性も維持され、戦争と平和の問題も一層複雑なものとなっていくことが想像されるのである。

そのような中にあって、もう一つの「世界」、NGOやINGOの作り出す「世界」が、これから益々重要になっていくのではなかろうか。非政府組織は、政治、経済、文化すべての面で活躍しており、それが国境を超えたネットワークを築いているために、国際社会に新しい形の繋がりが形成されている。国際市民社会（international civil society）とも呼び得るものである。あるいはグローバル・コミュニティといっても良いかも知れない。そのようなコミュニティが出来上がっていけば、それは第四の「世界」として国際関係に多大の影響を持つこととなろう。戦争と平和の問題もこの「世界」を無視しては考えられないであろう。

二十一世紀の世界が平和的なものとなるとすれば、それはただ国家間の勢力均衡や経済的相互依存性、あるいはまた思想や技術の面でのグローバリゼーションによってもたらされるのみならず、国境を超えた個人や集団のネットワークを通してのものとなる可能性が大きい。それはとりも直さず、二十世紀の戦争と平和という人類すべての経験が次の世代に伝えるべき遺産である。もしもこれから国際市民社会というものが強固になっていくとすれば、二十世紀の戦争という悲劇も、またそれへのアンティテーゼとしての平和への探求も、決して無駄ではなかったということになろう。

著者略歴

1934年　東京に生まれる
1961年　ハーヴァード大学 Ph. D.
現　在　ハーヴァード大学名誉教授

主要著書

After Imperialism（1965, Harvard U. P.）
『日本の外交』（1966, 中央公論社）
Across the Pacific（1967, Harcourt, Brace）
Pacific Estrangement（1971, Harvard U. P.）
『米中関係』（1971, サイマル出版会）
The Cold War in Asia（1974, Little, Brown）
From Nationalism to Internationalism（1971, Routledge and Kegan Paul）
『日米戦争』（1978, 中央公論社）
Power and Culture（1981, Harvard U. P.）
Experiencing the Twentieth Century（共編, 1985, 東京大学出版会）
『太平洋戦争の起源』（1991, 東京大学出版会）
『新・日本の外交』（1991, 中央公論社）
『日米関係五十年』（1991, 岩波書店）
The Globalizing of America（1993, Cambridge U. P.）
『日中関係　この百年』（1995, 岩波書店）
Japan and the Wider World（1997, Longman）
『権力政治を超えて』（1998, 岩波書店）
Pearl Harbor and the Coming of the Pacific War（1999, Bedford）
『平和のグローバル化へ向けて』（2001, NHK 出版）
『米中関係のイメージ』（2002, 平凡社）
『歴史を学ぶということ』（2005, 講談社）
『グローバル・コミュニティ』（2006, 早稲田大学出版部）

二十世紀の戦争と平和［増補版］ UP選書 250

1986年11月10日 初 版
2000年 5 月 1 日 増補版第 1 刷
2013年 3 月27日 増補版第 5 刷

〔検印廃止〕

著 者 入江《いりえ》 昭《あきら》

発行所 一般財団法人 東京大学出版会

代表者 渡辺 浩

113-8654 東京都文京区本郷7-3-1 東大構内
電話 03-3811-8814・振替 00160-6-59964

印刷所 大日本法令印刷株式会社
製本所 株式会社島崎製本

ISBN978-4-13-002203-3 Printed in Japan